隠喩としての建築

作为隐喻的建筑

赵京华——主编
应杰——译

柄谷行人
からたにこうじん

中央编译出版社
CCTP Central Compilation & Translation Press

图书在版编目（CIP）数据

作为隐喻的建筑 /（日）柄谷行人著；应杰译. ——3 版. ——北京：中央编译出版社，2024.3
ISBN 978-7-5117-4601-6

Ⅰ. ①作… Ⅱ. ①柄… ②应… Ⅲ. ①解构主义-研究 Ⅳ. ①B089

中国国家版本馆 CIP 数据核字（2024）第 035693 号
著作权合同登记号：图字 01-2024-0453 号

INYU TO SHITE NO KENCHIKU
by Kojin Karatani
ⓒ 1983, 2004 by Kojin Karatani
Originally published in 2004 by Iwanami Shoten, Publishers, Tokyo.
This simplified Chinese edition published in 2024
by Central Compilation & Translation Press, Beijing
by arrangement with Iwanami Shoten, Publishers, Tokyo

作为隐喻的建筑

责任编辑	李媛媛
责任印制	李　颖
出版发行	中央编译出版社
网　　址	www.cctpcm.com
地　　址	北京市海淀区北四环西路 69 号（100080）
电　　话	（010）55627391（总编室）　（010）55627319（编辑室） （010）55627320（发行部）　（010）55627377（新技术部）
经　　销	全国新华书店
印　　刷	北京中兴印刷有限公司
开　　本	880 毫米×1230 毫米　1/32
字　　数	122 千字
印　　张	6.625
版　　次	2024 年 3 月第 3 版
印　　次	2024 年 3 月第 1 次印刷
定　　价	58.00 元

新浪微博：@中央编译出版社　　微　信：中央编译出版社（ID: cctphome）
淘宝店铺：中央编译出版社直销店（http://shop108367160.taobao.com）
　　　　（010）55627331

本社常年法律顾问：北京市吴栾赵阎律师事务所律师　闫军　梁勤
凡有印装质量问题，本社负责调换，电话：（010）55627320

点。相对于亚历山大的抽象理论，雅各布斯做出了具体的实践。

雅各布斯是一名从正面反对20世纪50年代在纽约推进的城市再开发，并发起了市民运动的建筑记者。新的城市开发基于被称作"分区"（zoning）的思想，它以办公区为中心，把街道分为各种区域，在郊外设立住宅区。住宅区通过机车化（motorization）与中心相连。如今，世界所有城市都通过雅各布斯所批判的分区以及机车化进行开发以及再开发。她对此进行了批判。按照她的观点，新旧建筑的混合、住房与办公室的混合、各个阶层以及民族的混居才是城市的魅力以及活力所在。她并非反对城市规划本身，因为她的方案也是城市规划。但是她的规划不是为了国家以及资本，而是为了民众的人性生活。后来，雅各布斯在60年代末因反对越南战争移居加拿大。直至90高龄，她都作为批评家、实践家，在反对多伦多的城市开发运动中发挥着重要作用。

虽然如此，实际上在写完本书后，我几乎未对雅各布斯进行过任何思考。但是，当2008年我来到多伦多时，便深深地感受到了她的存在，尽管她已于数年前辞世。我在多伦多大学演讲后，又到纽约大学水牛城分校做了演讲。多伦多市位于尼加拉瓜瀑布附近，而水牛城则是位于瀑布对面的美国城市。这两个城市都是作为安大略湖沿岸的工业城市而发展起来的，在70年代之前，它们大概几乎不分上下。但我注意到，如今在加拿大一侧的多伦多充满了活力，产业发展，而美国一侧的水牛城却衰退荒废了。

我认为其原因之一在于城市设计。多伦多城的中心是议会以及其他公共建筑。中心附近还有大学，再往外就是中国城，闹市区也相去不远。在闹市区遍布着地下街，人们不必来到地面，可以在地下过冬。除了地铁外，这里还行驶着无轨电车。也就是说，多伦多完全排斥了"分区"。而水牛城却完全实行了"分区"。比如，那里没有地铁，因为遭到了担心地铁建设会导致无车贫民涌入的富裕阶层、中产阶层的反对。大学则建在郊外，闹市区里还有喧嚣的贫民区。这是美国城市的典型。不仅如此，以分区进行城市开发的所有地方都出现了这种现象。

看一下昔日的好莱坞电影就能知道，30年代的洛杉矶还有无轨电车纵横行驶，但现在没有汽车就寸步难行。但在雅各布斯所活动过的纽约，现在地铁普及，并不需要汽车。当然这并非雅各布斯一个人的功劳，而是市民们"社会性"活动的结果。但如果没有对城市开发具有明确理论认识以及实践行动能力的雅各布斯，那么想必纽约就会变得像洛杉矶那样，多伦多也会变得像水牛城一般。

我深受感动：正是因为有了这样一位理论家或批评家，才会出现如此的差异。这给了我希望。我想把这样的希望传递给中国的读者。

柄谷行人
2009年1月27日于东京

英文版序言

1970年以来，人们就后结构主义的诸多问题展开了多方探讨。一言以蔽之，我们可称之为解构。我在本书中所要做的，可以说是从建构即建筑的角度来思考解构。事实上，与哲学以及文学批评不同的是，60年代以后的建筑师已经在从事与解构平行甚至超越解构的工作了。在此意义上，后现代主义概念首先产生自建筑界并非令人不可思议。不仅如此，结构概念本身就是一个建筑用语。也就是说，后结构主义中充斥着建筑的隐喻。

为了给哲学家下定义，柏拉图曾以建筑师作为隐喻。他说："制造一词具有很宽泛的含义。毋庸赘言，无论何物，当它产生时，其原因完全都是因为制造。因此所有属于技术的制作都是制造，每一位从事制作的工作者都是制造者。"(《会饮篇》)这些工作者的首领就是建筑师。

对柏拉图而言，建筑意味着通过将一切"生成"看作是"制造"从而与"生成"构成对抗的姿态，而他把这样的哲学家比作建筑师。但实际上柏拉图与雅典的大多数知识分子一样，看不起那样的手艺活儿。建筑无非只是个隐喻罢了，因为实际的建筑有一半是属于"生成"的。可以说，柏拉图以降，是将知识建立在牢固基础上的意志。后来，笛卡尔、康德、黑格尔、马克思以及无数哲学家都把建筑师、城市规划者用作隐喻，而最新的例子则可说是结构主义者。

柏拉图不断地把几何学加以规范。但是几何学或者数学基本上是一种实践的技术，正是柏拉图使其成为坚固的"建筑"。柏拉图以及欧几里得在实践方面给数学带来的东西为数不多，相反，从排除了已在巴比伦王国发展起来的代数来看，其意义还是负面的。数学本身如同其现实那样，具有一半的"生成"性。自柏拉图以来人们之所以不断规范数学，是因为数学似乎最具建筑性质的可能。所谓哲学，就是"对建筑的意志"的别称。数学本身不具建筑性的可能，这已由1931年哥德尔提出的不完全性定理所证明。在此之前，作为隐喻的建筑一直统治着数学。进一步而言，作为隐喻的建筑还一直统治着建筑。

因此，我们不难理解：自20世纪70年代起，作为隐喻的文本替代建筑，占据了统治地位。比如巴特将文本与作品加以区分。作品等同于建筑，那里存在着贯穿整体的意义，还有管理的主体（作者）。然而所谓文本则是语言的编织体，它由各种引用以及换喻式滑行组成，那里没有什么"作者"。当然这样的认知并非只有巴特或文学批评率先进行。实际上可以说各个领域都在阐述着同样的事情。比如后结构主义者所批判的列维-斯特劳斯就已经针对制造提出了"拼贴"（bricolage）概念。虽然建筑领域并未使用相同的词汇，但"作为隐喻的建筑"也日益被"作为隐喻的文本"所取代。这就是后现代主义。这一源自建筑领域的用语普及开来，最终压倒了"后结构主义"概念。此过程告诉人们，这一事态是如何与"建筑"相关的。

所谓作为隐喻的文本，基本上是一种认为"生成"优越于"制造"的主张，这就如同休谟之于康德，蒙田之于笛卡尔那样，是对肯定文本多样性的思想家的认可，而最终它还必定要回溯到对柏拉图的批判。尼采最早批判了柏拉图主义，即那种无法肯定"生成"的偶然性以及多样性的弱者所采取的"对建筑的意志"——柏拉图将其称为对真理的意志。但如果20世纪60年代后还将尼采与柏拉图对立起来，则是一种故意的无知了。如同米歇尔·塞尔所指出的那样，结构主义之后的思想基本上基于形式数学，与依然对数学进行浪漫主义式反击的尼采相比，它更是柏拉图式的。

1970年代后期，文本作为隐喻逐渐取代建筑占据了支配地位。虽然我心有共鸣，但同时也产生了某种抵触感。本书的第一部分，是我在耶鲁大学时写就的。当时我个人就后结构主义问题做了些思考，觉得美国语境下的后结构主义似乎过于偏向文艺批评。比如，我认为德里达最初的成果——为胡塞尔《几何学的起源》所作的注释就被视而不见，而德里达本人也过分迁就美国的文艺批评语境。虽然我本人是文艺批评家，却想对这种文学性倾向提出异议。因为实际上，解构只有在彻底结构化之后才成为可能，否则它就会止步于语言游戏的层面。

确实，柏拉图是抨击了诗人，但对他的反击在浪漫派中已经显现，而且在尼采以及当今的文本派中延续着。这让解构很奇妙地具有了文学性。他们认为文本的意义具有不可判定性。但文学性文本的多样性本就不言而喻，称文学"不可判定"既轻而易举且廉价。不可判定性只有在被认为是严谨的、可判定的诸如数学等领域才具有意义。事实上，这已经被哥德尔所证明。

然而，将文学与数学对立，是浪漫主义者的偏见。数学并非像浪漫主义者所想的那样只是处理数与量，而是处理关系或者说只处理关系——数量是关系的形态之一。当我们不把文学作为素材而是作为素材与素材的关系看待时，文学就是数学的对象了。问题的关键在于，"关系"是否与"物体"一样存在。柏拉图认为"关系"以不同于"物体"的方式"存在"，而那就是理念世界。我们无法简单地对其加以否定，因为即使否定了理念，物体与物体之间的关系区别依然留存着。

20 世纪出现的形式主义者——比如数学领域的希

尔伯特、语言学领域的索绪尔虽然提出了一种理念式的形式，却不认同那种认为形式"存在"于某处的观点。形式主义是一种使任意的形式先行，把对象以及意义作为其"解释"或"模型"的视点。可以说20世纪的知性问题本质上出自这种新奇的倒转。比如，认为只存在作为示差形式的能指，而所谓的意则是这些示差形式所产生的所指。或者像列维-斯特劳斯在原始社会亲族关系的分析中所做的那样，不从事实出发去归纳性地思考模型，而是首先思考出形式的、数学的结构，并把经验性事实看作是解释这个结构的模型。这些例子基本上都是形式主义的思维。

形式主义出现在语言学、人类学、精神分析、思想史以及其他各个领域。然而这种展现出来的多样性却妨碍人们从本质上质疑形式主义所普遍具有的问题。如果我们质疑形式主义，那么我们必定会遇到柏拉图最初面对并做出了回答的问题，即"形式"的地位问题。在形式主义内证明了其自身破绽的哥德尔本人就是一个柏拉图主义者，其他领域的形式主义也不可能与哥德尔所指出的事实毫不相干。比如，可以说德里达式的解构就是在另一个领域做了哥德尔所做过的事。

然而柏拉图绝非随意提出了理念式事物的"存在"或者说知识的基础问题。实际上他希望通过实践做一个哲学家（＝王），却遭到了惨败。他在想象中实现了不可能之事。就好像保罗对耶稣那样，他把苏格拉底捧作理念的牺牲。这既显示了理念式事物"存在"的不可能性，同时也反复凸现了他必得实现的对建筑的意志。赋予西洋知识以特征的，正是这种对建筑的意志。

我无法简单地对其加以否定。相反我认为，正是这种彻底"建筑"化的姿态本身显示出了其无根据性，暴露了它的"生成"，只有通过彻底的建筑化、形式化，才能来到它的"外面"。仅仅依靠"生成"是无法对"建筑主义"（constructivism）构成批判的。相反，"生成性＝自然形成性"的东西并不像它表现出来的那样混沌不清，而是可以进行形式上的解析。我的这些想法都得自于考察了"自然都市"的城市规划理论家们。在本书的第二部分，我倒转了之前的想法，认为从形式来看，"生成性＝自然形成性事物"是一个自指的形式体系。比如语言并不仅是差异体系而是自指的差异体系，此外货币经济则是通过将一个商品作为排他的一般等价物（货币）而形成的各个商品之自指的关系体系。

然而，实际上此时我不得不中断原来的计划。因为如果"生成"本身被形式化，那就不存在形式体系的"外部"了。我希望通过彻底的形式化从而走向形式的外部，却被以另一种方式封闭在了内部，而且在此已不允许随意提出"外部"的概念。按此前的形式化路线，已无法走到形式体系的外面，需要更具决定性的"转向"。我中途放弃了《作为隐喻的建筑》（1981）

以及作为其续篇的《语言、数、货币》(1982)。在这找不到出口的低迷时期，给了我最大刺激的是爱德华·赛义德一篇题为"世俗批评"(Secular Criticism)的文章。

> 但是，不可避免地某种情况发生了。美国70年代后期的文学理论非但不是超越专业划分的大胆的介入运动，相反还后退到"文本性"的迷宫中去了。……美国乃至欧洲的文学理论如今都明确接受了不介入的原则，可以说其独特的所有方式（借用阿尔都塞的公式的话）排除了被世俗性、情境性或者社会性所"污染"的东西。"文本性"成了文艺理论中具有某种神秘性质的被"消毒"了的主题。
>
> "文本性"因此变成了一种与可被称作"历史"的东西完全相反之物或替代物。文本性产生自某个场所，但同时又被视为并非产生自特定的场所、特定的时刻。它是被生产的，却既不由某个人产出，也没有产生的时间。……如同当今美国学院中所进行的那样，文艺理论几乎将文本性从使之成为可能、使之可能作为人类活动而加以理解的情境、事件以及各种身体感觉中隔离开来了。……我的立场如下，文本是世俗的，某种程度上是事件，即便有时看似对其加以否定，它也是被置于社会世

界、人类生活之中来加以解释的历史时间的一部分。①

我觉得赛义德的这一观点似乎点出了当时我本人走进死胡同的原因。尽管如此,对我而言,"向世俗批评转向"只能沿着我本人的研究语境进行。那时我又重新发现了维特根斯坦。这与数学的"基础"有直接关系。简而言之,维特根斯坦发现数学是各种发明的集合,它不能也没必要为整体确定一个统一的基础。数学终究是历史实践的产物。这个见解与作为隐喻的文本的观点似是而非,但如果考虑到初期维特根斯坦如何具有"建筑性",那么这就是令人惊讶的转向了。后期维特根斯坦与哥德尔一样,对罗素的"逻辑主义"进行了批判,但他所使用的方法迥然不同。"我的任务不是从内部,而是从外面攻击、抨击罗素的逻辑。"② 这是对黑格尔的隐性批判。哥德尔试图从形式主义内部揭示其内在的破绽,但并没有走到形式主义的外面。在维特根斯坦看来,哥德尔的做法还只是停留在罗素的"内部"而已。那么,"外面"如何成为可能?唯有依靠"世俗性批评"。不久,我想到了维特根斯坦在长期沉默期间做过

---

① E. Said, *The World, and the Text, and the Critic*, Harvard University Press, 1984.
② 《论数学的基础》,见《维特根斯坦全集》中文版第7卷第296页,徐友渔、涂纪亮译,石家庄:河北教育出版社,2003。

小学教师以及建筑师这个事实。我们不应该把这段时期看作是维特根斯坦回归哲学的一个过渡期。比如所谓的"维特根斯坦的建筑"是他根据极富个性的姐姐的要求制作的，并且基本上遵循了恩格尔曼的设计。维特根斯坦所以将其称作"我的建筑"，并非是主张作为"作者"的所有权。想必他并不会认为建筑的一切是由某个作者设计而成的。

越是主张建筑是设计理念的完成物，就会离实际的建筑越远。建筑既是与业主的对话，也是对业主的说服，同时还是与其他工作人员的共同作业。即使当初有设计，在实际的完成过程中也会不断变更。用维特根斯坦的话来说，建筑就像是一个边做边修改规则并最终成型的游戏。任何一个建筑师都无法对建筑进行事先预测。建筑不可能与语境分离，它是一个事件。马克思曾说过，"人们自己创造自己的历史，但是他们并不是随心所欲地创造，并不是在他们自己选定的条件下制造，而是在直接碰到的、既定的、从过去承继下来的条件下创造。"①

柏拉图赞扬作为隐喻的建筑师，却蔑视现实中的建筑师，因为实际的建筑或建筑师暴露在偶然性之下。但这种偶然性并非指与作为理念的设计相比，实际的建筑

---

① 《路易·波拿巴的雾月十八日》，见《马克思恩格斯全集》中文版第 8 卷第 121 页，北京：人民出版社，1961。

低一个层次，并且总是处于瓦解之中。这种偶然性是指离开与他者（业主）的关系，建筑师就无法确定自己的设计。他们面对的是难如己愿的他者。总之，建筑是一种交流。而且无须赘言，这是与并不共有规则（体系）者的交流。

建筑师只有在绝对权力背景之下，才可能避开因为遭遇相对性的他者而导致的偶然性。某一类建筑师或许会梦想这样的事情，但是这本身恰好证明了其在现实中的不可能。建筑只能是事件，只能是偶然。但我们不能拿诗人来否定柏拉图以建筑师的隐喻解释哲学。因为那样会导致另一种"神化"。为了批判"作为隐喻的建筑"，我们只需把到处都是的建筑用作隐喻即可。柏拉图以降的"作为隐喻的建筑"所压制的，不是生成（＝文本），而是"世俗"的建筑师。能够打破作为隐喻的建筑的自我充足的形式体系的，不是绝对的他者，而仅是"世俗"的他者。因此，我在第三部分中，以新的视角探讨了维特根斯坦与马克思。其实，这一章是我中断了作为本书题目的"作为隐喻的建筑"后，以"探究"为题所写文章的总结，针对第一和第二部分来说，这第三部分乃是"世俗批评"。

而今回头来看，我深深懂得了两件事情。第一就是，自己之前所进行的工作不是在重复着康德的"批判"吗？实际上我所进行的，是对作为隐喻的建筑的批判（反思），是要指明其"局限"。比如我在本书中探分沉陷下去，因而使全体不可避免地倒塌下来。这地基就是那不系属于经验的诸原理的第一层的根基。①

看上去康德的矛头似乎在于柏拉图以来的"作为隐喻的建筑"的企图。但实际上正好相反。康德这样论述自己的工作："这项研究本来称不上学说，而是应该称之为超越论的批判。"② 换句话说，康德并非要通过"批判"来建立什么"体系"，而是要指明无论是何种体系，因为都是建立在某种"理性的僭妄"之上的，所以"使全体不可避免地倒塌"。"僭妄"是个法律用语。因此他所说的"建筑术"，在其他地方还可被换作法院的隐喻。总而言之，重要的是，为了对"作为隐喻的建筑"进行"批判"，作为隐喻的"建筑术"是不可或缺的。

康德把人类所认识的世界看作"现象"，也就是说现象不是对外面事物的摹写，而是通过"投入"某种形式以及范畴来构成，康德把这种思维方式称作"哥白尼式转向"。可以说20世纪广义的"形式主义"是对"康德式转向"的扩展。"语言学转向"也不例外。但

---

① 《判断力批判》上卷第4—5页，宗白华译，北京：商务印书馆，1964。
② 《判断力批判》上卷第4—5页，宗白华译，北京：商务印书馆，1964。

如果仅止于此，那康德的重要部分恐怕就会被忽略。毋庸赘言，"哥白尼式转向"将以人类（地球）为中心的观点倒转为以太阳为中心的观点。从隐喻角度而言，"康德式转向"应该是向以"物自体"（太阳）为中心的思维方式的转向。因为广义的"形式主义"不存在"物自体"，所以只能归结于其他种类的人类中心主义、文本观念论或者是怀疑主义。我曾论述过的关于马克思、维特根斯坦的"转向"，才真正称得上是"哥白尼式转向"。因为用世俗语言来说，"物自体"就是"他者"。与其说这是认识论问题，不如说这是伦理性的问题。

回顾过去，我还明白了另一件事情，就是为什么我一边思考着解构的问题，却又抛开文学开始思考形式化的诸多问题。首先，我是非西方的"外国人"，虽然在西方语言内具有必然性，我却无法加入西方语言游戏（wordplay），也没有此必要。其次，作为文艺批评家，或者说正因为是文艺批评家，我却刻意与"文学"拉开距离，这是因为在日本不存在"对建筑的意志"之类的东西（因此后现代主义结出了独特之花），相反，在一种解构主义式力量时刻发挥着作用的文化土壤上从事文艺批评，是没有批评的意义的。在日本，"建筑性"是激进的，是政治性的。我不得不扮演所谓"一人双簧"的角色，一方面追问对建筑的意志的倒错性起源，另一方面又必须追问日本的解构主义式力量的起源。

在工作过程中我感到难以排遣的空虚、空洞，并非

目 录

第一部 制造（Making）

1　对建筑的意志　/ 003
2　形式的定位　/ 012
3　建筑与诗　/ 019
4　自然城市　/ 024
5　结构与零　/ 031
6　自然数　/ 040

第二部 生成（Becoming）

7　自然语言　/ 053
8　货币　/ 057
9　自然脑　/ 062
10　分裂生成　/ 069
11　存在　/ 082
12　哲学的形式化　/ 090

第三部 教与卖（Teaching & Selling）

13　唯我论　/ 099
14　教的立场　/ 105
15　作为隐喻的建筑　/ 115
16　关于规则　/ 123

17　社会和共同体　/ 131
18　语言学转向与我思　/ 137
19　卖　/ 144
20　商人资本　/ 152
21　信用　/ 157

后　记　/ 163
译后记　/ 173
《柄谷行人文集》编后记　/ 175

第一部
制造(Making)

1　对建筑的意志

在给哲学家下定义时,柏拉图把建筑师用作隐喻,而其后的哲学家往往回归到这一隐喻。笛卡尔试图以城市规划师的模式,建立起坚实的知识建筑的根基。黑格尔认为知识必须是体系即建筑的。甚至连讥笑黑格尔说虽然他建起了壮观的建筑而自己却住在一旁工棚内的克尔凯郭尔也效仿着这个隐喻。如今则更是四处充斥着建筑用语。试图否定柏拉图以来的形而上学的运动被称作解构,这一事情本身就是个证明。可以说,我接下来所要做的尝试,是从建构即建筑的角度来思考解构问题。

西方思想中存在着一种可称之为对建筑的意志的东西。它被不断地重复着,每逢危机就会再起,而其"起源"通常可以追溯到柏拉图。古希腊语中,建筑(architectonice)一词是"architectonice techne"的省略语,意思是"architectonice"的"techne"。而"architectonice"则是意为"原始、原理、首位"的"arche"与意为"工匠"的"techton"的合成词。对希腊人而言,建筑不仅仅是工匠的技术,而且是具有原理性的知识,它位于工匠之上,被认为是统领各种技术,对制作进行规划、指导的技术。这里的"techne"一词不只是狭义的技术,而是指所有的制造(poiesis)。柏拉图说:"制造(poiesis)一词具有很宽泛的含义。毋庸赘言,无论是何物,当它产生时,其产生的原因完全都是因为制造。因此所有属于技术(techne)的制作都是制造(poiesis),每一位从事制作的工作者都是制造者。"(《会饮篇》)柏拉图就这样在作为隐喻的建筑里找到了以"制造"来对抗"生成"的立足点。

但是追溯词源并不能说明为什么柏拉图把建筑看作是哲学的比喻,也不能说明为什么这样的比喻具有强迫的反复性。因为柏拉图非常蔑视实际的建筑与建筑师。根据 F. M. 康福德(F. M. Cornford)的观点,希腊思想大致可分为两类。一类是进化论式的,认为世界如同生命一般成长;还有一类是制造论式的,认为世界如同艺术作品那样被设计而成。(《不见于文字的哲学》)换句话说,这两种类型可以区分为是以"生成"看世界还是以"制造"看世界,而后者在希腊思想土壤中属于少数派。因此,正如事实一样,后者只能在这样的土壤中消失了。

要想存续下去,就需要别的观念,而那就是作为建筑师的上帝(God as the Architect)观念。怀特海(Whitehead)指出:支撑着诸科学的不是数学或某种确切的基础，而是认为世界由作为建筑师的上帝所制造并支撑，世界因此在终极意义上是可知的、有秩序的这样一种信念。这种信念通过中世纪的基督教以及柏拉图主义而形成，因此近代科学只诞生在西方。（《科学与近代世界》）但是如果从西方思想是希伯来与希腊的综合，也就是说如果从西方思想是理性的希腊与非理性的希伯来的综合这一通俗的视角来看，恐怕就无法理解这种"对建筑的意志"的强迫性重复了。将基督教看作是"通俗的柏拉图主义"的尼采这样说道：

> 倘若人们有必要，把理性变成一个暴君，就像苏格拉底做的那样，那么，其他什么东西制造暴君的危险，就肯定不小。理性当时被作为女救星推荐，无论苏格拉底，还是他的"病人们"，都不能自由地是理性的——但这是绝对必要的（de rigueur），是他们最后的手段。整个希腊诉诸理性的狂热，一种困境：人们陷于危险，人们只有一个选择：或者毁灭，要么——荒谬地理性……从柏拉图开始，希腊哲学家们的道德主义局限于病态；而他们对辩证法的重视同样如此。理性＝德行＝幸福，这仅仅意味着：人们必须仿效苏格拉底，制造一种持续的日光——理性的日光，以对抗蒙昧的欲望。人们必须不惜任何代价地聪明、清醒、明白：

对于本能和无意识的任何让步，都会导致没落……①

尼采指出，被认为始于希腊的理性志向本身就建立在非理性选择的基础上。由此可见，对希伯来式或希腊式进行区分是肤浅的。相反，是否正是在这样的西方思想的"起源"中，某种"起源"被遮蔽了呢？我认为是如此。在希腊，柏拉图是少数派。像他那样的思考来自希腊之"外"，那就是产生了灵魂不死、一神教、国家规划的"埃及"。柏拉图的哲学家（=王）的思想就起源于埃及。卡尔·波普尔（Karl Raimund Popper）从柏拉图的哲学家（=王）的观念中，进而从埃及的神权政治中发现了马克思主义"先锋党"的起源。（《开放社会及其敌人》）但如果是这样，犹太教（=基督教）也应该是如此。比如，弗洛伊德在《摩西与一神教》中指出，摩西是一名试图恢复一神教的埃及皇室成员，他与犹太奴隶签下契约计划逃离埃及，结果在途中被谋杀。而这次谋杀作为"被压抑物的回归"，造成了强迫性反复运动。如此看来，可以说希伯来式以及希腊式这两大西方思想要素均起源自"埃及"，并且正因为其被严重压抑，因而不得不进行强迫性的重复。

---

① 《偶像的黄昏》第 51—52 页，卫茂平译，上海：华东师范大学出版社，2007。

但说实话,我所关心的并非这样的历史性追溯,也不认为这样的追溯会有什么结果。现在必须思考柏拉图,其理由在于别处。那就是本世纪深入人心的"形式主义"所提出的强烈质问。尼采把矛头指向了柏拉图,试图恢复被柏拉图压抑的前苏格拉底哲学或"悲剧时代的哲学家"的权利。确立起对柏拉图主义批判原型轮廓的大概就是尼采,但无论尼采的批判如何尖锐,他还是存在盲点的。那就是与尼采同时代并且"即使荒谬也要追求理性"的人们所带来的东西。当然,结果和这些人的期望完全相反,他们非但未能建立起坚固的建筑,反倒暴露出基础的缺场。

如今的思考不管怎样触及尼采,它的出发点都与尼采所持有的浪漫主义思考的基本立场具有决定性不同。可以说,我们要从这一出发点来"重新解读"尼采。针对理性,浪漫主义者把身体、情绪变化、感觉等等的多样性以及混沌性作为本源的东西。但是对理性进行解构的是理性本身。换句话说,19世纪后半期兴起的"形式主义"对其本身进行了解构,而未经自身解构的、针对"建筑意志"的批判,只能是浪漫派性质的,无论重复多少次,都徒劳无益。

比如柏拉图总是以数学作为典型,但那不是因为数学本身具有建筑性。虽然在柏拉图以前,数学已经在巴比伦王国以及其他地域获得了充分发展,但对柏拉图而言,数学与严谨无缘。因为数学是实践的、经验的,而柏拉图带给数学的，是作为反证法的"证明"。也就是说，如果公理被设定为一定的公约，那么其后与之矛盾的事物就必须被排除在外。欧几里得设定了公理系，他只承认可以用此公理系进行演绎的事物为真理。也就是说，是柏拉图使原本并不具有建筑性的数学成了建筑。但这并非数学的必然，它阻碍了业已在巴比伦王国发展起来的代数学的可能性。实际上，数学的发展延续至今，与柏拉图严谨的建筑性并无关联。

但最彻底贯彻了柏拉图式"对建筑的意志"的，还是在数学领域。因此，对柏拉图的批判必须在数学领域进行。因为在该领域，理念性事物的出现是不可避免的。比如，在定义上，点是没有延展的，但这样的点无法通过经验获得。尼采抨击了数学，但那不过是他的浪漫派式看法。数学对他而言，无非是数与量的问题。然而所谓数学是研究事物的关系，即无关事物变化的不变之关系的学问。数量是各种关系形态中的一个。此外，对尼采而言，概念无非是"陈旧的隐喻"。但正如马克思所说，所谓概念就是关系。一般而言，学问就是要找出事物之间的各种关系。或许是因为在数学中关系看起来更加纯粹化，就像柏拉图所做的那样，数学被当作学问的典型。然而我们不免生疑，这样的事物关系是否与事物本然状态一样存在着呢？

柏拉图不仅首先提出了这个问题，也最早给出了答案。他说，所谓关系就是理念，它存在于理念界。我们并不能嘲笑他的答案。比如自然法则是事物的关系，但它是否存在于自然之外？如果它存在，那又在哪里？康德在构成现象的主观先验形式中寻求答案。但即使否定了理念，二元性还会以另一种形式出现。如果要将其一元化，那就会变成观念论（idealismus）。因此，要否定理念，我们就应该对"关系"的存在论定位重新提出质疑。

由此而产生的就是 20 世纪的"形式主义"。形式主义不再去追问关系的存在论定位，其观察视角是：以与对象、意义无关的恣意的形式为先导，反过来将对象、意义当作该形式的"解释"或"模型"。在数学领域，就是希尔伯特的形式主义。当然，"形式主义"并不局限于数学，也表现在其他各个领域，有时并不冠以这样的名称。比如语言学中索绪尔的观点被称作结构主义，但是他的工作应该放在一般的"形式主义"潮流中来认识。比如索绪尔说语言是差异的形式体系，它可以是现实中任何一样东西，可以是声音、文字或手语，使语言所以成为语言的是任意的"形式"，意义或对象无非是附随"形式"而产生的。狭义的结构主义并非始自索绪尔，而是雅各布森。数学结构主义伴随着数学中的"形式主义"产生，所以在宽泛意义上，可以说结构主义是形式主义的产物。

譬如，结构主义者强调"看不见的结构"，但结构并非原本事物的形状，而是变换规则或运动，因此它当然看不见。在此，无作为"空"亦发挥作用，即使欧几里得的几何学也是如此。比如点被定义为没有延展，但我们既无法于知觉中，也无法在印象内找出这样一个点。也就是说，这样的"点"被作为关系或运动即作为"看不见的结构"来定义。如果存在"结构"，那它如何存在？即使理念被否定了，疑问却依然存在，而形式主义者们抛开了这样的疑问。假如对此提出质疑就是哲学的话，对他们来说，哲学则是不需要的。

表面上，形式主义似乎废弃了柏拉图的理念。但是作为数学对象的"关系"却存在于某处，认为数学家应该 discover 这一关系的观点在数学领域被称作"柏拉图主义者"，如今过半的实践（working）数学家都是"柏拉图主义者"。彻底贯彻形式化并证明了其破绽的哥德尔本人亦然。我们难以简单否定在此意义上的柏拉图主义者。

此外，形式主义以柏拉图提出的"证明"为前提。正如尼采所说，柏拉图的特征并非在于针对现象世界而提出本质性背后世界。那是所谓"埃及"的产物。柏拉图带给人们的，是在"对话"中寻求确定性的基础。这在民主国家雅典以外的地方，恐怕毫无可能。如前所述，所谓公理并不具有经验的自明性，而是先于对话的公约。现代的公理主义（形式主义）并非从明晰且判明的事物出发，而只是从共识以及公约出发，之后不再否弃此共识及公约。如此看来，现代公理主义之立足于柏拉图要远超笛卡尔。此外，柏拉图把苏格拉底塑造成了这样的人物：一个即使法＝公约于己不利也要遵从并为之去死的人。

从我们的观点来看，柏拉图绝非轻易提示了理念的"存在"或知识的基础。实际上，他希望实践哲学家＝王，却遭到了惨败。他在想象中实现了"不可能之事"。从这点来看，柏拉图的对话篇开始于苏格拉底的被害具有象征意义。在其后的著作中，苏格拉底以各种形式登场，而我们则会不断想起这个苏格拉底已经遇害了，并且苏格拉底是为了证明处罚自己的"法"的不灭性而勇敢自杀的。这显示出实现理念的"不可能性"，同时又反复凸显出必得实现的、对建筑的意志。总之，我们仅仅批判理念的不可能性，并不足以否定柏拉图。

2 形式的定位

"形式"先行的思想以及以此为依据的诸学问让试图在主观中巩固基础的哲学家感到不安。胡塞尔所关心的也在于此。他原本是数学家,正确把握了19世纪后半叶数学形式化(集合论)的意义。虽然很多现象学者都了解胡塞尔的工作始于"算术哲学"而终于"几何学的起源",却忽略了他的全部关心在于数学的基础论问题这一事实。结果,现象学往往被看作是"文化研究"中的固有方法,就像梅洛·庞蒂的"知觉现象学"、宾斯万格的"现象学精神病理学"、A. 舒茨的"现象社会学"等那样。这一倾向继承了李凯尔特的"自然科学与文化科学"划分或狄尔泰的解释学划分,即认为文化科学依附于主体的理解以及体验。

确实,胡塞尔说过:

> 但是现在我们必须指出早在伽利略那里就已发生的一种最重要的事情,即以用数学方式奠定的理念东西的世界暗中代替唯一现实的世界,现实地由

感性给予的世界，总是被体验到的和可以体验到的世界——我们的日常生活世界。①

但他并未主张必须回归知觉以及生活世界，相反试图在被浪漫主义的躁动以及情绪所支配的法西斯时代确立理性的基础。正如尼采所说的那样，理性已经没落到被视为本身就是个非理性选择的地步。这场"危机"本来就和本世纪初表露出来的"数学的危机"相结合。

以往被归入哲学最古老的领域中的三段论理论的形成也被数学家所运用和占有，并且这个理论在数学家手中获得了意想不到的发展——它长期以来一直被误认为是一门已完成了的理论。同时，在[数学家]这方面还发现并在真正数学的精细性中构造了有关新的推理种属的理论，这些理论或是被传统的逻辑学所忽视，或是未被传统逻辑学所认识到。没有人能够禁止数学家们去利用所有那些可以根据数学形式和方法来进行探讨的东西。只有那些不了解作为现代科学，尤其是作为形式数学的数学并且仍然用欧几里得和亚当·里泽来衡量数学的人，才会仍保留那种一般的偏见，就好像数学之物

---

① 《欧洲科学的危机和超越论的现象学》第64页，王炳文译，北京：商务印书馆，2001。

的本质是在于数和量一样。如果哲学家反对"数学化"的逻辑学理论并且不想把他的临时寄生子转交给亲生的父母,那么超出其自然权限的不是数学家,而是哲学家。哲学的逻辑学家们在谈到数学推理理论时喜欢带着轻蔑的态度,但这种态度却无法改变这个事实,即:在这些理论中和在所有严格发展了的理论中一样(我们当然必须在严格的意义上来理解这句话),数学的探讨形式是唯一科学的形式,只有它才能提供系统的封闭性和完整性,只有它才能为所有可能的问题以及解决这些问题的可能的形式提供一个概观。

但如果对所有真正理论的探讨都属于数学家的研究领域,那么留给哲学家的东西还有什么呢?①

胡塞尔知道哲学家自认为依然属于自己的领域无非是个错觉。他深知那些反对以解析几何学为模型的诸科学,并试图认识无法被诸科学理解的东西的"文化科学"或"精神科学"等等都建立在"就好像数学之物的本质是在于数和量一样的一般性偏见"的基础之上。正因为他的前提是使自然科学与文化科学、诸学问(科学)与哲学等区分失效的形式数学,也正因为他知道这

---

① 《逻辑研究》第 1 卷第 220—221 页,倪梁康译,上海:上海译文出版社,1994。

会使哲学的固有领域消失，这才会产生他所谓的"危机"。他的现象学一开始就与哲学（家）还剩下什么的问题相重叠。

用他本人的话来说，"留给哲学"的唯有阐明这些形式之物的基础或它们的"存在性质"。他通过现象学＝本质还原来抽取这样的形式之物。形式数学中的形式既非客观存在，也不是心理学存在。此时的胡塞尔只能走向柏拉图的理念了。但对胡塞尔而言，"理念性的东西其本身的存在与认识的主观和认识作用无关"，它不同于柏拉图的理念，没有存在之场。

可以说，胡塞尔已经觉察到 20 世纪的形式主义不仅渗透到了数学领域，而且还必定会渗透到所有其他的领域。这典型地体现在计算机科学以及分子生物学中。也就是说，形式主义渗透到了被 19 世纪的人们视为最后堡垒的精神、生命、诗歌等领域。20 世纪 30 年代，对形式主义的反抗以"非理性主义"的形式爆发了。在政治上，那就是法西斯主义。胡塞尔正是在这样的旋涡之中对形式主义的定位发出了疑问。在他的周围，既有希望通过党（哲学家＝王）来理性地建构社会的斯大林主义，也有与斯大林主义对抗，试图解放非理性的感性的法西斯主义。胡塞尔的立场不属于其中的任何一派。

西方知性中重要的是，在"危机"中被不断更新的"对建筑的意志"。这是人们在面对模糊、多样的生成时，试图找寻出自立的秩序与结构的非理性选择。很明显，它只是危机中的一个选择而已。在胡塞尔的"危机"中，柏拉图复活了。而胡塞尔最大的对立者则是海德格尔，他在政治上也参与了非理性主义。

但是以当今的语境而言，正如计算机所代表的那样，"形式主义"已经完全包围了我们的日常世界。作为对形式化的浪漫反抗而被提出来的知觉、情感、自然、生命、生活世界已经失去了前景。这正是我们所拥有的"危机"。比如海德格尔在晚年发出"哲学如何在现时代进入其终结"的疑问时，他是针对控制论的。

> 现在，自我确立的诸科学将很快被控制论这样一门新的基础科学所规定和操纵。我们并不需要什么先知先觉就能够认识到这一点。控制论这门科学是与人之被规定为行动着的社会生物这样一回事情相吻合的。因为它是关于人类活动的可能计划和设置的控制的学说。控制论把语言转换为一种信息交流。艺术逐渐成为被控制的而又起着控制作用的信息工具。哲学之发展为独立的诸科学——而诸科学之间却又愈来愈显著地相互沟通起来——乃是哲学的合法的完成。哲学在现时代正在走向终结。[①]

---

① Martin Heidegger, "The End of Philosophy and the Task of Thinking", *Basic Writtings*, ed. David F. Krell, Harper & Row, 1977. 译文引自《海德格尔选集》（下）第1245页，孙周兴译，上海：上海三联书店，1996。

仅从这一段文章来看，海德格尔似乎并未充分理解控制论所包含的"20世纪的知性革命"（葛瑞利·贝特生）的意义。海德格尔似乎仅仅把它当作了技术。但毋庸赘言，控制论通过差异（＝信息）的观点观察所有事物，从而使物质与生命、动物与人类等传统的二元对立失去了效力。在那里人们无法再先验地、特权地探讨"精神"以及"人类"。正如海德格尔所说，靠探讨"精神"及"人类"才得以成立的"哲学"，"宣告终结"了。

只有考虑到这一点，海德格尔提出的"哲学终结之际为思留下了何种任务"的问题才首度具有了意义。我们必须将其作为胡塞尔问题的延续来解读。海德格尔的意思是：控制论只是"存在的"（ontisch），而不是说在哲学上还留有什么"存在论"（ontologisch）的问题，也不是说还存在着某种被意识以及理性所排斥的东西。与实体相比更重视关系，与同一性相比更重视差异的哲学已经作为技术得以实现了。我们不是被思辨的哲学而是被现实化的"差异哲学"逼进了困境。譬如，人类不可能具有不同于机械的"精神"。相反，我们必须立足于计算机（人工脑）发问，人类在何种意义上是人类的。被浪漫主义者神秘化了的"生命"因为分子生物学而被彻底形式化了。但我们必须要追问的是，在分子生物学之上使生命成为生命的又是何物？

善意地看，我们还是可以说海德格尔的发问也与胡塞尔的一样，是在新的形式主义中进行的。他之所以一方面那样赞扬尼采，一方面却又批判尼采依旧停步在近代主观性哲学之内，反过来认为柏拉图把"存在"当作理念并加以赞扬的原因，就在于此。德里达的解构也是如此。为了批判柏拉图以来的声音中心主义，他提出了文字学（grammatologie）概念。此时他的思考并非只上溯到古代，他也思考了当今的分子生物学的成果即遗传基因以四组"碱基"书写组合形成这一事实。

德里达和这些先行者们不同，他没有提出哲学还剩下什么的疑问，而是正好相反。他或许会问为什么哲学总是得以延续，但这才是哲学式的发问。包括哲学本身的形式化在内，在所有的形式化中，我们必须发问的是，有这种形式吗？它在哪里？是在这种形式的"外部"吗？此时，我们不得不再一次面对柏拉图的选择。

3　建筑与诗

柏拉图将"诗人"驱逐出了他的"国家",因为"诗人"并不明白他自己作品的意义扰乱了语言。但是在 18 世纪浪漫主义之后,哲学与诗的关系发生了改变。浪漫主义者试图承认一直被压抑的感觉、情绪、感情等身体领域的认识性功能,而那就是感性论(= 美学)(aesthetics)。康德预设了某种能够联结感性与理性的超感性事物,却未能作出积极的主张。也就是说,那也只能是一种理念(假象)而已。而浪漫派却正是从这一理念出发的。黑格尔否定了止步于感性与理性二元论的康德,并由此发现了从感性走向理性的精神发展。但是,黑格尔的理性本身无非是业已感性(= 美学化)(aestheticize)的某种东西而已。于是,一切都被看成了理念的自我异化(= 自我表现)。

被柏拉图放逐的"诗人"果真在浪漫主义中坐上王位了吗?正好相反,诗歌被哲学吸收了。认为把本源归为诗歌就是对柏拉图哲学的批判这一浪漫派的错觉一直延续至今,也就是说"美学"一直统治至今。对它的批判首先产生自彻底贯彻了制造（poiesis）观点的诗学（poetics），而完成这一批判的，正是那些所谓引入了柏拉图驱逐诗人之立场的，拒绝无意识的生成或表现，试图使诗歌具有建筑性的从爱伦·坡至瓦雷里的那些诗人们。

爱伦·坡拒绝灵感，他想让诗歌成为意识之物。波德莱尔曾评论说："轻率地对待十四行诗，不在其中发现毕达哥拉斯式美学，那是愚蠢的。"（1860）马拉美尝试过所谓的纯粹诗，但他在那里遭遇到的，却是无法消除的偶然性。把原本神秘而狭义的制造（诗歌创作）过程意识化，将会导致对技术整体的考察，对这一点最为理解的恐怕是瓦雷里。在《尤帕利诺斯以及建筑师》中，他明确地把诗人规定为建筑师。被柏拉图放逐的"诗人"在此以追求柏拉图式建筑的意志的姿态登场了，但他的目的是为了暴露建筑的局限。

我在第一次观看我捡到的东西（贝壳），我注意到自己先前对它的形状的描述，不由得感到困惑茫然。于是我问自己："这是谁造出来的？"

这是谁做的？幼稚的时刻提出了这个问题。

我的思想中出现的第一个念头是制造。

制造是第一个问题，也是最能显示人的特点的一个观念。而"解释"从来就只不过是对制造方式的描绘罢了：它只是在思想中再现制造过程。

"为什么""怎么样"则是表达这一观念的含义的不同方式，它们嵌入了每一句陈述，不惜任何代价以求答案。形而上学和科学仅仅是这种要求的无限制的发展。①

但这个问题是不该"回答"的。"是谁制造的"这个问题，是一个"制造"观点所必然要求的假问题，实际上它说明了作者的缺场。"我们不了解制造方法，因而我们将一切看似被制造的东西都认作是自然所生产。"② 也就是说，瓦雷里不是将"人与自然"作对比，而是把彻底追求制造、建筑观点时所发现的局限或者说不可能性暂且称作"自然"。

因此，瓦雷里的自然并非如字面那样仅仅意味着贝壳般的自然对象，很明显它还包含着由人类制作但其结构（=制造方法）并不为人洞察的东西。实际上，我们将这样的事物称作"自然语言""自然都市"。马克思在《资本论》序言中说把历史看作是自然史。"人们自己制造自己的历史，但是他们并不是随心所欲地制

---

① 《人与贝壳》，译文引自《西方二十世纪文论选》第1编第94—95页，胡经之、张首映主编，北京：中国社会科学出版社，1989。

② 《人与贝壳》，译文引自《西方二十世纪文论选》第1编第94—95页，胡经之、张首映主编，北京：中国社会科学出版社，1989。

造。"(《路易·波拿巴的雾月十八日》)当然,马克思所说的"自然史"并非指把一切归结于制造,换句话说是归结于"精神"之中的黑格尔式态度。尽管历史由人类制造,但人类却无法充当其主体,这才是马克思的"自然史的立场"。按照瓦雷里的思考,"自然制造物"的特性只有通过揭开"人类制造物"的特性才可能得以澄明。

一般而言,当人们研究人类制造之物,关注其形态、外部结构并与其内部结构进行比较之时,无论这是生命的产物还是矿物质,应该都可以发现这两种结构之间存在着与调查所谓的自然物体时发现的关系并非相同的关系。这个问题并不总是可以解决。有些地方甚至还模糊不清。但我注意到,如果不使用显微镜而只进行表面检查,那么与组装的形式相比,作品内在部分的各个结构在人类的作品中往往只扮演着次要的作用。因此,所谓由各种任意的材料制造出来的人类作品,可以说是组装者对他亲手制造之物的内部结构给予极少关注而组装出来的物品而已。用各自不同的材料大致可以制造出相似的物体。水壶不管是玻璃制的还是金属制的或者是陶土制的,它们的形状几乎相同。但是正因为如此(除制作期间之外),这个水壶是用什么材质制成的往往会被忽视。不仅如此,当我们再度检查人类手工制造的物品时，我们会发现整体的形状不如部分各个内部结构那般复杂，并因此产生不平衡感。从这个意义上说，秩序引发了无秩序的感觉。我记得以前我曾经举过这样的例子。一个连队列队时呈几何学整齐图形，但构成这一图形的每一个要素是每一个个人，这个要素要远比整体来得复杂。同样地，人们在制作家具时，会打乱树木的结构即劈开或粘合树木的断片，却不太在意树木的内部结构。树木提供了坚固的要素，从人们将其组装成物并赋予形状、轮廓线的关系而言，这个要素是没有变化的。(《关于艺术的考察》)

瓦雷里说，人类制造物的特征是，其形态结构要比素材结构简单。比如，我们所掌握的某个文学作品的"结构"总是比文本简单。任何"结构"都不可能毫无意图、目的。当我们观察某个文本的"隐含结构"时，就已经预想了某个隐含的意义或制造者。然而，文本虽然由人类制造，却具有复杂、"过剩"的结构，因为它产生自"自然语言"素材。无论制造者如何控制，都无法避免语言带有其他含义。在此意义上，文本就是"自然的制造物"。

4　自然城市

瓦雷里在此并非积极阐述何为"自然制造之物",而是将"自然制造之物"作为无法还原为人类在思想中所制造的结构之物、对结构而言总是过剩之物,加以提出的。重要的是,诗人瓦雷里并不诉诸"诗歌",而是试图从建筑的角度指明建筑的不可能性。在此,我们可以举一位将瓦雷里的疑问彻底化(他本人可能没有意识到)的建筑师为例。

亚历山大多年来在不同程度上把"自然形成"发展起来的城市称作"自然城市",把设计师、规划师苦心制造出来的城市或其一部分称作"人工城市"。"人工城市"欠缺某种本质性的要素。人们一般都讨厌设计而成的现代城市是有理由的。当然,设计师们在采用现代形式的同时,也尝试融入似乎能带来生命的"自然城市"的各种特性,但至今这些设计都仅仅是旧物的改造,并未能制造出新生事物来。这是因为他们只考虑"自然城市"的外表而没有把握到其内部结构。亚历山大认为自然城市具有半网络(semi-lattice)结构,人工城市则具有树状（tree）结构。人们在人工组建城市时，会作为树状结构来进行组建。树状结构与半网络结构是关于若干小系统如何形成一个复杂大系统的思维方法，更通俗一点说，它们是针对集合序结构的名称的。①

假设现在我们有橙子、西瓜、网球、足球。要记住它们，惟有进行分类。也许有些人会分为橙子和西瓜（水果）、网球和足球（球类），还有些人会根据它们的形态分为橙子和网球（小）、西瓜和足球（大）。仅仅如此，则这两种分类都是树状结构（图1之B和C）。二者相加，则为半网络结构（图1之D）。如以集合论表示，则为图1之A。但后者难以视觉化，因而人们通

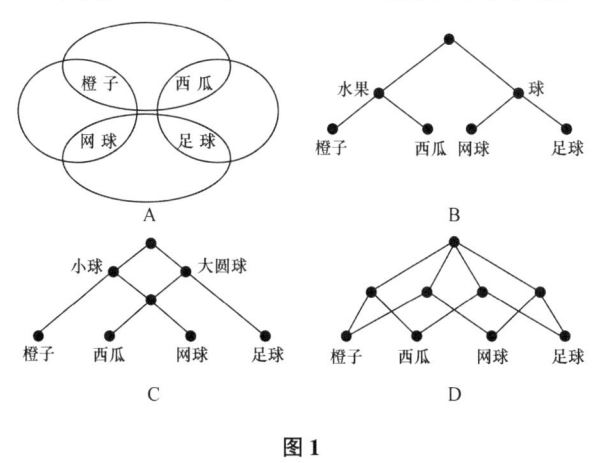

图1

---

① Christopher Alexander, "A city is not a tree," *Architectural Forum*, 122, no. 1 – 2, 1965.

常能够明确视觉化的是树状结构。实际上，当我们不得不想象类似自然城市那样在其内部集合重叠的半网络结构时，往往会将其还原为树状结构。

就什么是自然城市的半网络结构，亚历山大作了如下解释：在伯克利的某个路口有家药店，药店前面有个报栏（放报纸的箱子），此外还有交通信号灯。一方面，这些都是不变的要素，但另一方面路人在红灯时会停下脚步看报或买报。也就是说这三个要素一旦结合，就会发挥另外的功能。亚历山大把它们称作城市单元。作为一个单元的结合，产生自包括能够互相结合这些要素的力量以及使该单元保持固定不变部分的、更大的生命系统所具有的动态集合之中。城市中的无数固定的具体的子集是这个系统的容器，可以视为具有意义的物质单位。这些子集的结合并非没有定型，而是具有明确的结构。于是，亚历山大不去叙述城市中无数的现实因子，而去思考由 6 个要素组成的简单结构，并且以 1 到 6 的号码命名这些要素。

此时，图 2 就是半网络结构。"集合的结合在以下场合时，也只有在以下场合时才能形成半网络结构。即要么是两个重叠的集合要么是从属于整体，或者二者共通的各要素也从属于整体时。"[①] 比如，在图 2 中，（2、

---

① Christopher Alexander, "A city is not a tree," *Architectural Forum*, 122, no. 1 – 2, 1965.

图 2

3、4)和(3、4、5)都属于该集合,二者共同的部分(3、4)也同属于该集合。只有在城市中,当两个单元重叠时,重叠的部分本身是能够认知的实际存在,其本身也是一个单元。以前面的例子来看,其中的一个单元由报栏与人行道以及交通信号灯组成,另一个单元就由药店(入口以及报栏)本身组成。这两个单元在报栏处重叠,而因为这一重叠部分本身也是可以认知的单元,所以该集合的结构具有半网络结构的性质。在人工城市中,这样的重叠遭到了破坏。

相对于半网络结构,树状结构是这样定义的。"集合的结合在以下场合时,也只有在以下场合时才能形成树状结构。即,属于该结合的任意两个集合中的一方或者完全被另一方所包含,或者毫无关联时。"[①] 图 3 就是树状结构,在此不会发生重叠。

---

① Christopher Alexander, "A city is not a tree," *Architectural Forum*, 122, no. 1-2, 1965.

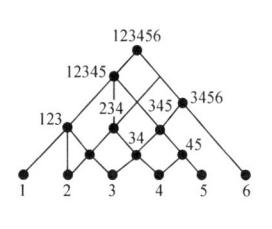

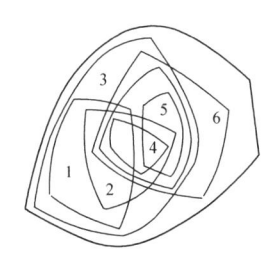

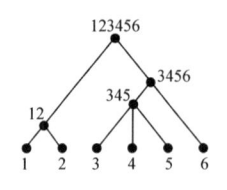

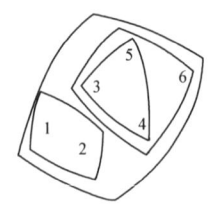

图3

亚历山大认为区分这两个结构并不在于是否发生了重叠。更重要的是，半网络结构比树状结构具有发展成为更加复杂微妙结构的可能性。比如由 20 个要素组成的树状结构只含有 19 个子集，但由 20 个要素组成的半网络结构可以包含 10 万种以上不同的子集。但是如前所述，因为树状结构提供了将复杂事物分割为单元的简单、明晰的方法，所以尽管自然结构总是半网络结构，但人们往往将其还原为树状结构。人工城市之所以缺乏结构的复杂性，就是因为它是树状结构的。亚历山大分析了巴西、东京等现代城市规划者们业已实现或还未实现的九座著名城市的规划，指出它们都具有树状结构。在这些规划中，没有任何一个单元是不通过作为整体的单元而与其他单元结合的，它们完全贯彻了树状结构的原理。

正因为亚历山大关于人工城市与自然城市的差异的相关数学考察是形式的，所以才显得丰富多彩，比如它也同样适用于组织机构。军队与官僚机构是树状结构，它们不允许未经过上级组织的横向交流。因为罗马的街道发源于军事营寨,所以希贝尔塞默把军事营寨视为城市设计的原型。(《城市的本质》) 他所思考的城市无疑是树状结构的。在此意义上具有深刻含义的是,瓦雷里在叙述"人工之物"的结构时,是以军队为例的。瓦雷里觉察到了"人工之物"的特性在于其树状结构。

当然,在组织实际发挥作用的地方未必保持着严格的树状结构。尽管官僚机构在形式上是严格的树状结构,但实际业务常常不经上级组织而是横向进行,所以在实际功能中更接近半网络结构。最典型的树状结构或许是间谍组织以及地下组织,其成员只与上级组织联系,成员之间的横向联络是被禁止的。此外,正如亚历山大所示(图4),朋友关系是典型的半网络关系。

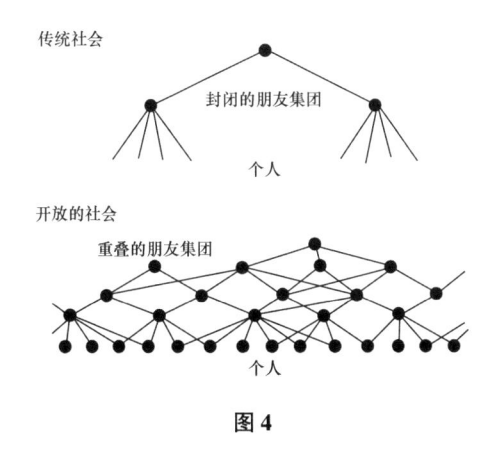

图 4

如果严格遵从树状结构,那么城市和组织都会毁灭。亚历山大认为现代城市规划就是这样。类似巴西那样的人工城市中的生活荒芜感广为人知。"在任何有机体内，过度的规划以及与内在要素的解离，就是将来毁灭的最初征兆。解离在社会中表现为无政府主义，在个人中则是分裂症以及日益迫近的自杀的征兆"。

5　结构与零

亚历山大和那些仅仅为了制造更加人性的生活城市空间而反对规划的人们具有决定性的不同之处。那就是他把自然城市看作是"自然制造的城市"。这丝毫不是对人工自然的赞美，因为城市本非自然。虽然亚历山大批判了规划师们的建筑性企图，但他还是彻底地"建筑性"地思考了城市。如果说柏拉图的哲学家（＝王）是基于作为隐喻的建筑师，并典型地显现于20世纪的现代主义者身上的话，那么，可以说亚历山大的批判证明了它的不可能性。然而他的方法却贯穿了柏拉图式的对建筑的意志。他并不诉诸作为人工的外部之"自然"这一幻想，而是在人工事物的内部，否定式地指明了其"外部"。

亚历山大所进行的探索与其他领域所展开的探索齐头并进。首先，在数学意义上，它具有结构主义性质。根据法国布尔巴基团体创立的结构主义理论，先把一切还原为集合，然后把各要素的关系看作"结构"。这个结构可分为三种：代数结构、序结构、拓扑结构。因雅各布森、列维–斯特劳斯而声名大振的结构主义主要与代数结构（群）有关，而亚历山大所进行的工作是类似半网络结构那样的集合序结构。

但应该注意的是，任何一个结构都有相同的问题。那就是"结构"只有在一定的目的性之内才能被发现。结构主义通过语言学尤其是雅各布森的音韵论而广为人知。雅各布森的音韵论与索绪尔的音韵论有很大不同。比如，索绪尔指出语言中只有差异，并且只存在没有积极项的差异。但这只是指出了"混沌"而已。雅各布森对索绪尔的不成熟理论进行了批判，他认为索绪尔所说的关系杂乱而未加整理的音韵组织可以通过二元对立的集合加以秩序化。

> 不只是土耳其语的元音音素的差异，无论何种特定语言、何种音素、何种差异都可完全切分为单纯、不可再分的二元对立。因此，无论何种特定语言的何种音素——元音以及辅音——都可切分为不可再分的区别性特征。表面的矛盾可一扫而光。二分差异特征的对立就是逻辑学所表示的真正的二元对立，这些对立中的每一个对立的特点是，两项中的某一项必定包含其对立项。比如与闭音观念对立的只有开音观念，前方、后方的特性相互召唤着对立一方，等等。①

---

① 《关于音与义的六章》。

如此看来，表面上杂乱不堪的音韵组织尽管复杂，却非常有秩序。列维-斯特劳斯曾被这种证明了混沌的东西其实极富秩序的音韵论所震撼。"音韵论对各种社会科学发挥了类似核物理学对整体精密科学所发挥的那种革命性作用。"(《结构人类学》)但是音韵论的成功在于其应用了数学结构。雅各布森的音韵论使原本看起来纷乱的事物，通过数学结构进行形式上的构成成为可能。据此，列维-斯特劳斯在原始社会的亲族结构分析中使用了 Klein 群（代数结构）。

但正如列维-斯特劳斯所指出的那样，"自然所制造的"比人类再度构成的要复杂得多。因为这些结构都是在某个目的性内被发现的。比如，雅各布森说道：

"声学领域内的当代专家们觉得很不可思议与困惑：为什么人类的耳朵能够轻而易举地分辨多至难以察觉的众多语音？然而此时的真正问题在于，这是否单纯只是听觉能力的问题？不，根本不是！我们在话语中确认的并非只是声音的差异，而是语言使用习惯上的差异。也就是说，语音没有固定的表意作用，它用作相互判别上位成分（词素、词语）的差异。"[①]

---

① 《关于音与义的六章》。

相对于物理性的声音，音韵是作为区别意义的形式而被发现的。它是一个只有意义存在时才会被发现的单位。也就是说，它是在"上位成分"的前提下作为差异性才得以存在的"形式"。词素、词语以及句子也相同。它们都只有在各自上位成分的前提下，才能作为显示差异的形式而被发现。索绪尔本人也说过"语言（la langue）并非实体，它只存在于叙述主体之中"，他否定了那种认为符号总是表达某个意义的传统式思维。因为对"叙述主体"而言，存在意义的时候必定具有区分该意义的形式，而相反则不成立。在此意义上，"la langue"的语言学成立于始自"叙述主体"意识的现象学还原，是在将物理声音、指示对象、语境等打上引号予以悬置时被发现的。因此，"la langue"的语言学最终要以"主体"为前提。被发现的形式（差异）总是一种以上位成分为前提的目的论的东西。正如瓦雷里所说，它总是伴随着"简单化"。

亚历山大的情况也相同。在路口报栏的例子中，因为报栏实际上已经作为"重叠"发挥着作用，所以其自身就是一个能够认知的单元，即使把它移到别处也未必能很好发挥作用。自然城市的结构只能存在于"居住在城市的主体"意识中。而城市、建筑的符号论成立于把交通信号灯、报栏等客观物仅仅看作是显示差异的（differential）形式之时，是一种通过"生活世界"的现象学还原而被发现的形式。

因此，结构以将其统合的超越论主观作为默认的前提。如同后面将要提到的那样，德里达不是从结构主义本身而是从胡塞尔的现象学开始"批判"（解构）的，其理由正在于此。但是结构主义者之所以认为不仅不需要而且可以否定这样的"主观"，是因为他们发现了如何将"人类制造"物之上的"剩余"导入结构之中的装置，那就是零。比如雅各布森为了完成音韵体系引入了零音素。

> 零音素……在不具有任何差分性质、不包含任何恒常音韵价值这一点上，与所有其他法语音素相对立。此外，零音素以不让音素缺场作为其固有的功能。[1]

这样的零符号在数学中随处可见。数学结构基本上不是作为形态而是作为运动，即变换规则而存在的，此时，"不变换"的规则也会包含其中。可以说，雅各布森所设定的零音素对应于数学可换群中的单位元 e。既然雅各布森不是把每一个音素而是把音素的对立关系群视为结构，那么在某种意义上引入零就是必然的，因为这样群（结构）才能成立。雅各布森理论中的零符号

---

[1] R. Jakobson and J. Lotz, "Notes on the French Phonemic Pattern" Roman Jakobson, *Selected Writings*, vol. 1, 1971.

没有更多其他的意义。

原本发明于印度的零，在珠算中是对不拨算盘珠时的一种命名。如果没有零，就无法区别205和25。也就是说，零是以"不让数字缺场作为固有的功能"（列维-斯特劳斯）。Place-value system（位值制）只有在引入零之后才能成立。当然，尽管这个零与佛教中的"空"（emptiness）同语，但实际上并无关联，它是被实践性、技术性地引入的。但是，只要回顾一下二世纪的西方引入零时所引发的恐慌，就可明白印度所以轻易地接受了零，并非与"空"的思想无关。比如马拉美这样写道：

> 诗篇的知性骨骼被隐藏收敛——成为现实——只有在诗节分割的空间，纸张的余白处。这些地方（余白）是意味深长的沉默，应该不亚于诗句本身而尽显结构之妙。（《关于爱伦·坡》）

有观点指出马拉美所说的"余白"来自老子的"无用之用"思想，但不如说这是零在哲学上内涵的意义。也就是说，在此，零符号哲学上的意义被更充分地理解了。与此相对，雅各布森的零符号完全是技术性的，它无非是为了使结构成为结构的理论性要求而已。但虽然如此，零一旦被技术性地引入，它本身会迫使我们进行某些思考。德勒兹指出"结构主义难以与认为场所优越于占据场所之物的新的超越论哲学分开"①,在 Place-value system(位值制)中,的的确确,那种"超越论哲学"先于结构主义。在此意义上可以说,结构主义始于零符号的引入。

实际上,零具有技术性之上的意义,是在列维-斯特劳斯从雅各布森的零音素中获得启发,并试图对引入零符号的马塞尔·莫斯《巫术的一般理论》中的"马那"(Mana)以及《论馈赠》中的"豪"(Hau)做结构主义式解释时才开始的。比如,莫斯在原住民所说的"豪"(hau)中探寻馈赠所强求回报的力量,但对列维-斯特劳斯而言,在方法论上无法认可的是莫斯以原住民的"意识"为依据且以"豪"(hau)及"马那"(mana)这样的超验物为前提。于是,列维-斯特劳斯模仿雅各布森的零音素指出:"可以说马那(mana)那样的概念,其功能并非在于内部包含了某种特殊的意义,而在于不让意义缺场。"他还进一步把这个零符号称作"漂浮的能指"(signifiant flottant)。

这与数字游戏盘中的空白处类似。游戏之所以可能,不是因为1、2、3……等能指的差异体系,而是因为空白处。游戏者以为自己是在改换排列数字,但从相反的观点来看,也是空白处处于漂浮状态。或者用拉康

---

① 《结构主义为何如此称谓》(A quoi reconnait-on le structuralisme.)。

式语言来说，尽管每个数字都是主体，但实际上这是漂浮的能指的效果。但我们应该了解，无论做怎样大的倒转，漂浮的能指（=零）符号都可以保证结构的结构性，它无非是上帝或者是超越论主观的代理而已。

比如，把"马那"（mana）看作零符号也就是把零符号看作"马那"（mana）；又如佛教的净土宗中被信仰的是超越论他者，这几乎是基督教性质的。但另一方面，这些又都只被视为假象。按照亲鸾的说法，那些都不过是为了教导大众的方便而已。因此，向超越者寻求救赎的净土教与靠自身力量觉悟的禅宗并不像表面那样迥然不同。事实上，在中国它们共存于相同的寺庙，只不过禅宗面向知识分子，净土宗则面向大众而已。同样的，犹太教中的卡巴拉（qabbalah）以及伊斯兰教中的神秘主义也是如此，它们中的人格神无非是面向大众的表象而已。总之，引入零并非要废弃超越者，那不过是将其置换成其他东西罢了。

某个能指的所指是另一个能指。因此语言中只存在能指的连续。罗兰·巴特尔指出如果追溯西方的能指序列，则存在着终极的能指，那就是上帝。所谓上帝就是对无限后退序列的封闭，符号体系也因此才得以完成。反之，无论任何符号体系，只要它是体系的，就以类似的终极能指作为默认的前提，而那就是作为缺场之消解的零。巴特尔为了从终极的所指中解放能指，提出了设立空虚符号（零符号）的观点，并在"日本"发现了这样的"符号王国"。但这无非是西方人所持有的任意表象而已。如前所述，即使在日本的佛教中，对超越者的信仰也具有绝对的强势。

引出零并不是要废弃超越者而只是进行置换。为了维持结构这是不可或缺的。通过结构主义来消解现象学主体（=超越论主观），不过是一个错觉。看穿这一点的是雅克·德里达，因此他从"批判"现象学入手。这并不是排斥现象学而走向结构主义。毋宁说他承认"现象学的优先地位"，然后进行解构。德里达要阐明的是，现象学中作为不证自明而被特权化的"此刻"的确立虽然实际上依赖于"非—此刻"，但这样的"延异"被遮蔽了。在"此刻"中发现的结构总是封闭的，这意味着此种结构总要遮蔽某种不可避免的"延异"。这究竟是怎么一回事呢？如后所述，这不过是结构或者形式体系的自指性罢了。

6　自然数

正如瓦雷里所言，无论我们思考的"结构"多么复杂，它都是被简单化了的。亚历山大在他所说的自然城市中发现的半网络结构也是如此。借用瓦雷里的话来说，与"自然制造物"相比它更为简单化。更进一步而言，所谓的"自然制造物"还指人类制造物的制造过程中非传递的，或者说人类难以成为其主体的东西。由此看来，亚历山大关于"自然城市"的论述可以适用于自然语言、自然数、自然脑（相对人工脑而言）等习惯上加有"自然"一词的所有词汇。事实上也是如此。

但此处需要警惕的是，为了这样的"结构"而轻易地使自然与生活世界相互对立。我们所说的"自然"只有在进一步彻底贯彻对建筑的意志之时，才会显现出来。在这一点上具有讽刺意义的是，西方思想史中对建筑的意志，或者说只有这样的意志才总是暴露出其相反的一面来。保罗·德曼指出，正是试图严谨使用语言的洛克成了比喻性语言、自然语言的首位探索者。

实际上，洛克在发展词汇、语言的相关理论时所真正建构的是比喻理论。他本人当然既未认识到也不会承认这一点。在一定程度上，我们必须以反向理解或无视明确的解释来阅读洛克，尤其是要无视启蒙主义思想史中被广为认定的常识。……也就是说，我们不应在明确的解释中，尤其不应在关于解释的明确解释中，而是应该在无法还原为意图以及可以确认的事实等等洛克本人的文本修辞性动态中去阅读洛克。[①]

这是典型的解构式阅读。但果真如此的话，那么我们不得不说正是排斥了修辞的哲学，在说明着修辞是什么。洛克的文本之所以揭示了比喻理论，正是因为他明确地谋求"语言的严谨使用"。洛克的建筑意志暴露了其相反的一面。就像欧几里得的《几何原理》追求建筑性严谨，却呈现出非欧几里得几何学的可能性那样。也就是说，保罗·德曼针对洛克而提出的悖论，其必然的成立是在"对建筑的意志"被彻底贯彻之时，也只有在此时才能成立。

保罗·德曼举出叶芝以"How can we know the dancer from the dance?"结尾的著名诗歌为例。这句诗一直被

---

① Paul de Man, "The Epistemology of Metaphor", *On Metaphor*, Sheldon Sacks (ed.), University of Chicago Press, 1978.

作为"难道能够区分舞者与舞蹈吗?"的修辞提问,而被解释为形式与经验、制造者与制造,或者更广义的符号与指称对象的不可分离之意。但是如果按照字面理解,它的意思是"(请告诉我)如何才能够区分舞者与舞蹈!"这就倒转了历来的诗歌理解。此时,虽然是完全一致的诗句,却有两种互相对立的读法,而我们无法决定哪一种读法更为优越。就像埃舍尔的绘画那样,底(ground)与图(figure)总会因为不同的观图方式而发生倒转。

保罗·德曼如此证明了文本意义的不可确定性,但是对原本具有多重含义的文学文本作这样的"证明"是存在问题的。一方面,它会在因对哲学的常识性反感而导致的诗之多义性中被消解掉的;另一方面,它还会遭到"形式主义"的反对。对此,保罗·德曼在《阅读的寓言》中作了如下说明:

> 无论什么批评,无论它的分析能力如何严谨并且丰富,如果没有"还原",它就无法进行表达。当形式被看作是单一意义或内容的外在化时,它就是皮相的、消费性的东西。20世纪内在的、形式主义批评的发展改变了这样的模式。也就是说,如今,形式是自我反省的唯我论范畴,其指示意义是外在性的。虽然内部与外部的两极发生了倒转,但同样的两极性依然存在。只不过是内部的意义成了

外部指示对象,外部的形式成了内部的结构罢了。一种新形式的还原主义随即伴随着这一倒转产生。如今的形式主义几乎都在牢狱以及幽闭恐怖症的意象下被言说。①

形式主义之所以遭到抨击,是因为人们仍从19世纪的意义上来理解它。针对形式主义,产生了一种回归内容与对象即形式之外部的志向,但这不过是对"形式"这一思想所具有的划时代意义的无知而已。如前所述,形式化发生在各个领域,但文学领域的"形式化"一直进行得含糊不清,或者说只能进行得含糊不清,由此造成了一种倾向:似乎可以对形式化进行批判。比如,指出结构主义文学批评的幼稚是轻而易举的,但不能因此就废弃掉结构主义或者更普遍的"形式主义"的意义。

实际上文本的多义性所以成为"问题",是因为在此之前就存在着形式主义的"对建筑的意志",而且也只有此时才成为"问题"。进一步而言是在形式主义的澄明化说明其相反的事例,只是在这种悖论中文本的多义性才成为"问题"。因此我们必须承认:第一,对建筑性东西的解构必须在其建筑性被认为最完善的领域进

---

① Paul de Man, *Allegories of Reading: Figural Language in Rousseau, Nietzsche, Rilke, and Proust*, New Haven, Yale University Press, 1979.

行，这就是数学。第二，瓦雷里在漫长的沉默期内所思考的是由庞加莱提出的现代数学问题。此外，正如结构主义起源于布尔巴基的数学这一事实所显示的那样，在这一问题的深层，存在着始于19世纪末的数学形式化问题。因此，我们首先要从数学问题入手。

如前所述，柏拉图—欧几里得试图将数学作为公理性建筑，但关于平行线的"第五公理"的可靠性当时就受到了几何学家们的质疑。人们不断地进行着徒劳的尝试，试图从其他公理推导出"第五公理"。结果，简而言之，人们把"平行线相交"作为公理并明确确立了非欧几里得几何学，其后人们对数学的公理式建筑性的信心发生了根本性动摇。

欧几里得几何学的缺陷在于，它的直线以及点无意识地依存于知觉或者自然语言。非欧几里得几何学所带来的，是数学不依存于真实存在以及知觉的认识，此外，它是作为努力使形式化更加严密的结果而产生的。

当然，20世纪初期的"数学危机"还发生在与非欧几里得有别的集合论中，但它们是相互关联的。自从笛卡尔将图形上的点看作数的coordinate（组合＝坐标）以来，几何学的点与线段就被置换成了数的问题。这意味着无论多短的线段，要想具有连续性，它就必须有无穷的稠密的点。这样的数被称作"实数"，但实际上它是想象的数，并不亚于"虚数"（imaginary number）。为了处理这样的"无穷"，于是产生了康托尔的集合论。

康托尔不把"无穷"仅仅看作是没有穷尽，而是把无穷本身作为数来看待，很快地由此产生了集合论的悖论。"对于任意给定的集合 S，都存在包含有更多要素的集合 S′。"面对这个定理，如果考虑"包含几乎所有能想到事物的集合"，我们便会陷入矛盾。

罗素以更简单的方式阐述了这一悖论。那就是艾皮米尼地斯悖论，即可以归纳为"一个克利特人说所有克利特人都说谎"的著名悖论。它也可以说成"我在说谎"，或者"这篇文章是虚假的"。在这些场合中，真伪是不可能确定的。人们还因此发现了各种各样的悖论并加以命名，它们都无一例外地发生在自指的文章中。罗素认为该悖论的产生是因为类本身就是悖论的成员，所以可以通过禁止其作为成员来消除这个悖论。也就是说，通过区分逻辑类型（层次）来禁止这种混淆。

拉姆齐指出罗素所举悖论有两种，"包含自身的集合"悖论可以通过逻辑类型解决，但是他又批判说"艾皮米尼地斯（说谎者）悖论"是关于语言使用的，所以无法用逻辑类型解决，也无法在逻辑体系内部解决。于是，塔斯基从逻辑体系的外部进行观察，区分语言的层级，并设定了高层级语言。也就是说，塔斯基认为价值判断（真伪判断）在于逻辑体系之外。他把作为价值判断对象的命题体系称作对象语言，把包含价值判断的体系称作元语言。但无论怎样区分对象语言以及元语言，如果需要对元语言进行再度批判，则必须进一步设定元—元语言。这样的层级化是为了避免悖论而设置的，但实际上正如哥德尔所指出的那样，最初产生的矛盾会再度突然出现在为了避免该矛盾而设定的层级化之前，它无法避免。

针对罗素等把数学看作是逻辑学一部分的逻辑主义者，直观主义者批判说因为他们分析的是实数这种神秘的东西，所以才会产生悖论。直观主义者们试图根据直观把数学限定在可能的范围之内。然而与这一倾向目的迥异的希尔伯特的形式主义出现了。希尔伯特试图使数学独立于一切知觉。他抽去了公理的直观意义，把公理作为无意义的任意符号列（逻辑类型）及其变形规则（推论规则）而加以形式化。在此，无须追问公理是否有意义。公理已经不需要直观的自明性，它是由成为公理命题的资格以及具有资格的命题被确定为公理后会建构起怎样的公理体系来决定的。逻辑主义者试图仅仅依靠逻辑概念来构建没有矛盾的数学体系，而这样就必须以非逻辑的无限公理作为前提。但是对希尔伯特而言，只要公理体系中没有矛盾，那么是采用无限公理还是采用其他任何公理就都无关紧要。

于是，希尔伯特在形式体系的无矛盾性中探求数学的确实基础。他认为只要数学"无矛盾"，那么即使非"真"也无妨，因为无需更多的证明。其结果是，一切都被归结于形式化公理体系的无矛盾证明上。证明某个公理体系的无矛盾性的方法之一是诉诸直观模式。比如，在黎曼几何学的公理系中，可以通过将"平面"视为欧几里得几何学的球面、将"点"视为该球面上的"点"、将"直线"视为该球的大圆而将欧几里得几何学的球面作为模式。于是，黎曼几何学的各个公理就成了欧几里得几何学的定理。也就是说，只要欧几里得几何学无矛盾，那么非欧几里得几何学也无矛盾。然而，欧几里得几何学的无矛盾性本身无法得到证明，最后只能诉诸直观。

希尔伯特的形式主义产生于对上述方法的放弃。他将公理系与证明其无矛盾性的理论加以区分。后者被称作元数学。因为用来证明某一公理系的"元数学"不允许存在矛盾，所以他把"元数学"定为能令主观主义者满意的有限的结构性东西。但是正当人们以为希尔伯特尝试使数学形式性自立的计划就要大功告成之际，哥德尔的不完全性定理给了他致命的一击。

不完全性定理的内容大致如下：自然数理论在形式化后得到的公理系只要是无矛盾的，则该形式体系中存在既无法证明也无法证伪，即"无法确定"的逻辑公式。这一定理还存在如下的系："即使包含自然数的逻辑 T 无矛盾，也无法在 T 中获得证明。因此需要比 T 更为强大的理论。"

哥德尔的证明已广为人知，我想在此没有冗长说明的必要。简而言之，它是元数学的算术化——通过将元数学中的符号翻译成被称作哥德尔数的自然数，从而形成图5那样的循环。于是，这就巧妙地构成了类似作为类的元数学进入作为成员的形式体系那样的自指悖论。哥德尔的定理具有多重意义，但在我们的语境中，可以说它以另一种形式重新确认了康托尔所发现的悖论。哥德尔的证明是针对罗素与怀特海的《数学原理》。也就是说，他向以逻辑类型回避悖论的罗素指出，即使如此这种逻辑类型也必将破灭。

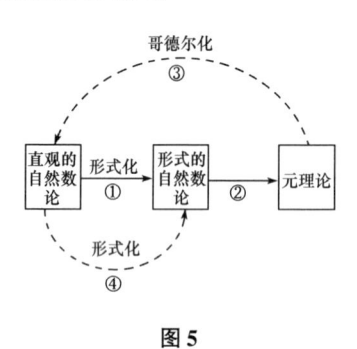

```
                    哥德尔化
                       ③
        形式化①        ②
  直观的 ─────→ 形式的 ─────→ 元理论
  自然数         自然数
  论             论
                    形式化
                       ④
```

图 5

对数学家而言，哥德尔的证明正如莫里斯·克莱因所说的那样令人绝望。（Morris Kline, *Mathematics: The Loss of Certainly*, Oxford University Press, 1980）实际的数学发展由不关心数学基础的"应用数学家"展开，毋宁说数学的发展其实是"非理性"地进行的。因此我们不应该说，哥德尔的不完全性定理把数学逼进了不确定性，而应该说它使数学从对数学不正当的"确定性"要求中解放了出来。换句话说，表面上它试图规范数学，但实际上它使数学从掩盖了基础缺失的"建筑物"幻想中解放了出来。数学看上去是同义反复的坚固的建筑，但实际上正因为并非如此，它才发展出了多样性，这本身就具有历史性。

比如，据传毕达格拉斯学派虽然了解无理数（irrational number）的存在，却禁止对其进行阐述。所谓 irrational，指的是无法用自然数之比 ratio 表达。我们不妨来看一下二次方程式 $x^2=2$。如果用比来表达，就是 $x=\dfrac{2}{x}$，也就是说为了知道 X 而需要 X。因此可以说，他们遇到的是自指的悖论。对无理数的禁止等同于对自指性的禁止，但是在笛卡尔以后的解析几何学中，无理数被当作数，也就是说只要把 $\sqrt{2}$ 当作数，之后的悖论就会消失。然而，正是这样不断将数扩展（发明）才导致康托尔将无限当作数，并再次导致自指的悖论。但是，这还不是最终的尽头。比如斯宾塞·布朗就通过二次方程式的形式消解了自指的悖论。（Spencer Brown, *Laws of Form*, Allen & Unwin, 1969）而这又被瓦雷里等人用来说明自我组织系统。但这并未降低哥德尔证明的意义，而只是作为一个例证说明，数学会随着思考的改变而不断地被"发明"下去。

第二部

生成(Becoming)

7　自然语言

　　数学中的哥德尔证明在其他领域也具有重要意义。哥德尔指出的所谓"自然数"是指能够言说其自身的数，这也可同样用来说明"自然语言"。即所谓"自然语言"是能够言说语言的语言。人们曾尝试将自然语言形式化，但其实这种尝试本身正是通过自然语言才成为可能的。自然语言以及自然数当然都不是自然的东西，而是"自然制造之物"。我重申，我们所说的"自然"并不意味着非人工。它是人类制造的，但最终其制造方法不甚了了，或许更像制造了"人类"的某种东西。

　　索绪尔构想出了把语言学作为一部分的一般符号学，罗兰·巴特尔对其进行了批判，主张一般符号学正是通过语言才成为可能，所以语言学才具有根源性。这一批判既中肯又偏颇。实际上，索绪尔在《普通语言学教程》中认为语言学是一般符号学的一部分，同时又在别处指出一般符号学是语言学的一部分。他根本未打算消解这一矛盾，或者说他未能消解这一矛盾。

　　比如将图5的自然数换成自然语言，则可得到图6。

图 6 表示的是，即使将自然语言形式化即将其还原为任意的符号，该符号形式的解释或定义仍只能通过自然语言进行。这不仅意味着不可能存在元语言，也意味着不可能存在作为基础的"自然"语言。所谓自然语言，就是这样的循环本身。

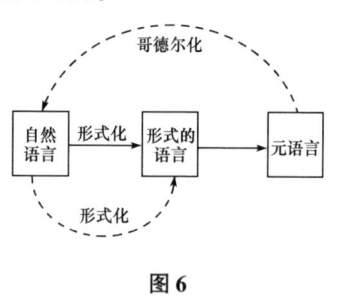

图 6

语言，原本就是关于语言的语言。也就是说，语言并非只是差异体系（形式体系），还是自指的、自我关系性的，也就是针对其本身具有差异性的差异体系。自指的形式体系或自我差异的差异体系既没有基础也没有中心。此外，它还是多中心的、过剩的。在这种情形下，索绪尔所说的"语言"（langue）可通过回避自指性的逻辑类型（层级化）而得以成立，但却无法保持这样的逻辑类型。

或许索绪尔一方面将语言形式化，另一方面又注意到了它的不可能性。这可能与后来在后结构主义对结构主义进行批判时受到重视的、他对字谜（anagram）令人难以理解的坚持有关。他抱有奇怪的信念，认为所有西洋古典文学都是字谜，并试图加以证明。这被克莉思蒂娃等人在形式上加以归纳，认为任何一个文本都在生产着有别于自明的、还原性解读的意义（结构）之外的另一层意义。但重要的是，所谓的自然语言就是指这样的循环本身，在试图将其形式化时必定会产生自指的悖论。

但是，通过在同一个文本内寻找与该文本的终结性意义（结构）完全相反的意义（结构），而把终结性意义逼入"不可确定性"，并使解释、总结本身失效的企图，即被称作解构批评的行为，其本身如果被形式化了，那么就会又返回到哥德尔的证明。这并不意味着哥德尔或者数学的特权性地位，形式化原本不是来自于数学而是强加于数学的"对建筑的意志"的产物。但这样的形式化在使后结构主义那样神秘宗教般话语的去特权化过程中，将发挥作用。

文本具有与表面意义相对立的意义，并非指在其"深层"隐藏有真正的意义。这并非因为文本通常是含糊的、多义的缘故，毋宁说解构性解读是在认定文本可形式化为单一意义的前提下成立的。我们不妨回想一下在哥德尔的不完全定理中，一个形式体系只要是自洽的，也只有在其自洽的时候，它才是不完备的。解构主义的解读只有在根据字面含义接受文本的明确意义时才可能成立，它并不意味着恣意的解释。

保罗·德曼这样说道："解构并非我们附加于文本

的东西,而是构成文本本身的东西。"(Allegories of Reading)但这样的"文本"是指我们试图将其还原为结构时显露出来的所谓"自然文本"。可以说它是自指的形式体系。正因为如此,将其还原为形式、结构的尝试必定会遭遇不可确定性。但这并不只局限于文本,也同样适用于更为普遍的形式体系。当然,也可将它们比喻性地称作文本,但这丝毫不意味着文学的特权。

8　货币

我们可以从形式主义的观点重读马克思的《资本论》。比如在开头，马克思这样说道："资本主义生产方式占统治地位的社会的财富，表现为'庞大的商品堆积'，单个的商品表现为这种财富的元素形式。因此，我们的研究就从分析商品开始。"① 对加了重点号的词语，我们应该做数学式的理解。也就是说，第一，可以说马克思首先还原了之前的经济学所给出的诸范畴、功能主义结构以及关系，仅仅把它们作为"庞大的商品堆积"（Warensammlung），即作为以商品为要素的"集合"来加以掌握。于是商品与商品的关系形式被理解为"价值形态（形式）"（Werform）。我们不妨从这一观点出发去探究马克思的理论是如何展开的。

马克思首先提出了"简单的、偶然的价值形式"，但它并不能作为由此产生的"总和的价值形式"的起

---

① 《马克思恩格斯全集》中文版第23卷第47页，北京：人民出版社，1972。

源。我们既不应将其作为历史性的发展，也不应作为黑格尔辩证法式发展来解读。"简单的、偶然的价值形式"中需要引起重视的，在于如下内容：

> 一个商品的价值量只有在另一个商品的使用价值中，即只有作为相对价值才能表现出来。与此相反的，一个商品反过来仅仅把可以直接交换的使用价值形式即等价物形式当作是别一个商品的价值能在其中得以表现的材料。
>
> 这一区别因为简单的、或在第一形式中相对的价值表现的特性而变得不清晰。即等式 20 码麻布 = 1 件上衣（或 20 码麻布值 1 件上衣）很明显地也包含着 1 件上衣 = 20 码麻布（或 1 件上衣值 20 码麻布）。即，在麻布的相对价值表现中，上衣发挥着作为等价物的功能，而这个价值表现又反向地包含着上衣的相对价值表现，在其中，麻布发挥着作为等价物的作用。①

这就是说，"麻布的价值可以用上衣的使用价值表示"，也可以说成"上衣的价值可以用麻布的使用价值表示"。其重点在于这种"倒转可能性"上。对此，马克思以"国王和臣民"的比喻加以说明，我们也可以

---

① 《资本论》日文版第 1 卷第 1 篇第 1 章第 3 节。

价值尺度，它是具有可以与任何东西进行交换权利的一个商品。

　　古典经济学无视这样的货币。在古典经济学中，各个商品包含了由劳动时间决定的价值，货币仅仅是表示价值的手段。他们所发现的是通过排除货币或使货币中立化而得到的均衡的世界。可以说，马克思主义者就是由此思考出了废除货币的计划经济。此外，把马克思批判为支流古典经济学的新古典派经济学，也同样通过将货币作为中立物加以排除从而得到均衡的体系。但是马克思在价值形式论中所发现的结论是：本来就不可能有这样的均衡体系。

　　因此，价值形式论不会因为货币的必然生成而欣喜地宣告终结。它在耸人听闻地宣告通过货币的生成而完成的逻辑类型将不可避免地受到侵犯后才会终结。基本上可以说，正是此处的"不均衡"才导致了资本主义的解构性性格。因此资本主义不可能从元层级加以管理。资本主义本身就是解构性的。当然，《资本论》并非仅仅可以还原为上述解读的著作。但我想说的是，马克思亲历了伴随19世纪后半叶的"形式化"而产生的危机。他写下了经济学的"基础论"，并最早看穿了这一基础的缺场。

9 自然脑

人们通常以理想的说者与听者通过符码交换信息的模式去思考交流。毋庸赘言，这与古典派或新古典派经济学的模式相同。索绪尔在提出共时体系时，就是以他在日内瓦大学时的同事帕累托的均衡理论为模型。他所使用的经济学比喻大多是马克思"批判"之前的理论。从经济学角度而言，他的语言学就是排除了货币——用马克思的话来说是社会性的象形文字——的理论。用德里达的话来讲，也就是说他在考察语言时，排除了书写。而一旦承继了这样的立场，那么就必然会像雅各布森以及列维-斯特劳斯那样去创立稳定的、具有均衡静态的结构。

针对这种静态的结构，有一种将其动态化的批判趋势。从语言学来看，它就是针对语言而引入言语；从一般角度来看，它就是针对体系而引入"外部"。于是，人们开始谈论系统与外部的辩证性相互作用等理论。但这是一种完全没有理解形式化的思考。就算索绪尔举例说明了他所说的语言，但那也并非指法语或英语那样的国语，因为他所希望通过语言概念加以否定的就是作为近代民族—国家（nation = state）意识形态的国家语言。只要语言对主体具有意义，那么它就可作为辨别意义的差异形式而被发现，要将其"动态化"原本是不可能的。

但正如前所述，索绪尔本人并非结构主义者。他在将语言形式化时，注意到了由此产生的不可思议的循环。它是从语言是关于语言的语言这一自指性中产生的。正因为语言是自指的，故原本就是"动态"的。因此，为了使其动态化，不必引入语言的"外部"。语言原本不可能具有"外部"。德里达曾说：文本没有外部。当然能够这么说，也只有在将文本看作是自指的形式体系之时。

在语言学中，可以称得上是纯粹的结构主义者的，可能是雅各布森。这是因为，他所依据的布尔巴基（以安德烈·韦伊为中心的法国数学家团体）将作为集合内部的要素关系的"结构"划分为代数结构、序结构、拓扑结构。但这些结构都是在回避集合论悖论（自指性悖论）的前提下成立，因此这些结构是静态（即使存在转换操作）的、封闭的。如前所述，试图径直将其动态化的尝试是徒劳的。能够做的，是在此类结构内引入自指性的悖论。此时，不管是代数结构还是序结构或者拓扑结构都会发生变化。我们正是将这样的结构称作"自指性的形式体系"。

这可以在交流中进行观察。"自然的"交流更为复杂。比如，保罗·德曼为了说明意义的不可确定性而举了如下例子。当妻子问著名的漫画人物亚奇·邦克说保龄球鞋的鞋带是从上系还是从下系，他回答说"What's the difference?"时，妻子开始说明两种系法的不同。丈夫的意思是"管它们有什么不同"，但妻子却理解成"它们之间有何不同?"德曼将其作为语法相同却产生相互排他意义的例句。我们无法在形式主义的观点下确定这一句子到底是在提问还是拒绝提问。

但是我们却可以"嘲笑"他们。这意味着，相对于他们，我们可以站在元层级上。关于不可确定性的严重性，我们不应在上述例子中，而应在无法从中逃脱却在其中"生活"的分裂症患者中探寻。葛瑞利·贝特生这样说道：

> 在形式逻辑学中，有一种想维持类及其成员之间的非连续性的企图，但我们主张在现实的交流心理学中，这种非连续性总是不可避免地被击破。而且我们还主张，我们必须认为当这种先验性的逻辑类型侵害以某种形式性模式发生在母子间的交流中时，人类就会发生病理。我们认为，在极端的场合，这一病理具有被分类为分裂症那样的形式性特征的症状。①

---

① Gregory Bateson, *Steps to an Ecology of Mind*, Paradin, 1973.

这就像在修禅问答中，师父在弟子头顶挥舞着拐杖，说："你说这根拐杖是真的，我就用它打你。你要是说它不是真的，我也用它打你。你什么都不说，我还用它打你。"贝特生把这种状态称作"双重约束"（double bind）。但是在禅宗中，弟子是自愿接受这种约束的。而弟子可以把拐杖从师父手中拿开，或许师父也会认为这是"开悟"而认可。禅宗的公案总是有些怪诞，而这种怪诞来源于它既与逻辑性悖论结合，同时又能够处在悖论的元层级上。

但是分裂症患者却总是处于弟子那样的状态而且没有出口。贝特生就家族关系所举的双重约束例子中，有时母亲在处罚孩子时会说"不要认为这是处罚！"有时又会说"别听我的命令！"很明显，这是自指的句子，具有不可确定性。当然，在非语言交流（表情、手势、语调等）层次以及语言交流层次之间也可能发生互相否定的情况，此外，这还包括在更为抽象的层次对父亲、母亲给孩子的命令加以否定的情况。一般而言，交流中的双重约束发生在对方表达了两个不同层次（类型）的信息，而且它们之间又相互否定的时候。因此，可以说双重约束是发生在自指系统内的。

正如贝特生所强调的那样，孩子的"双重约束"要发展至分裂症的"病理"，还必须具有这种经验被反复的家庭状况。他的观点是，被迫在交流与"元交流"相背离的双重约束中成长的人们无法区分逻辑类型。这并不仅限于分裂症患者。任何人在面对相互否定的两个层次的信息而无法言说这种矛盾，并且又被迫作出回答时，都会发生同样的情况。比如我们假设一个借故休假的公司职员白天在某个闹市区遇见了上司，上司问"你怎么（how）来这儿?"时，他回答说"坐电车来的"，那么他是按照字面意义理解了上司的"how"。分裂症患者也同样会混淆字面意义与隐喻表达，比如他会从字面层次理解别人说的笑话而作出戒备式的回答。

一般而言，作为双重约束状态下的回应，逃避至隐喻表达会使人更为安全，而"病理"所以会发生，是因为他不知道自己说的是隐喻或者不知道如何说隐喻。此外，在分裂症患者那里，关于交流的交流即元交流系统失效了，因而他不明白信息是哪一种类的信息。他不明白对方所说的真正含义而过度拘泥于"隐含的意义"，并决心证明自己不会上当受骗。另一个选择是，他只接受别人所说的字面意义，排斥元交流。最后一个选择是无视一切——拼命逃避不得不回应外界的情况，抛弃对外界的关心。可以说这些对应着分裂症的各种情形、各个阶段。

也就是说，分裂症发生在原来的自指形式体系的分类失效之时。比如在精神分析中，这种对分类以及自指的禁止被称作阉割或压抑。这种禁止制造了形式体系（象征性秩序），但其本身并无基础，换句话说，它开着一个"洞"，且无法填埋。另一方面，按照拉康的理论，这种压抑的失败，或者象征性阉割的摒除（forclusion）会引发精神分裂症（psychosis）。这些人都是生活在所谓的自指悖论之中。

但我想说的并不是要将拉康与贝特生联系在一起。正如人们周知的那样，贝特生在"交流的心理学"范围内对罗素进行批判时，实际上他遭遇了并未意识到的哥德尔问题。他有关分裂症的考察的令人耳目一新之处，在于他的考察不同于先前的现象学沉思，指出了分裂症患者的言语举动是一种与交流中的双重约束进行对抗的策略，此外也在于他指出了医患之间的交流必定会形成双重约束。精神分析治疗不应逃避而应积极对这些加以利用。

比如，拉康的认识中最根本的问题就与此相关。即，分析者在分析被分析者时必须分析他们编织的关系本身，而这样的元语言最终不可能成立，只能无休止地延续。拉康想通过"莫比乌斯带"以及数学式比喻加以形式化的事项，正因为其已经被形式化，所以才没有必要限定在精神分析之内。

对拉康派进行了批判的德勒兹和瓜塔里积极评价了分裂症。但他们针对树状结构而提出的"根茎"是对亚历山大针对树状结构而提出的半网络结构的极端化说法。如前所述，无论半网络结构如何复杂多样，它都是单义树结构的组合。看上去模糊不清的半网络结构实际上非常有秩序并且具有一个中心。它遮蔽了超越论的主观。无论它如何重叠或具有不可确定性，基本上它基于矛盾律（非彼即此）或者基于类与成员的区别（逻辑类型）。但是一旦它被破坏，则又将如何呢？范畴会不断被横越，所谓的"即此即彼"也将成立。此外，因为逻辑类型遭到破坏，多元的中心（元层级）将同时成立。也就是说，如果说树结构以及半网络结构是集合的序结构，那么德勒兹所谓的根茎就是在序结构中引入了集合论悖论时的产物。

或许它类似贝特生所谓的分裂生成（schizogenesis）。实际上，关于根茎，德勒兹和瓜塔里以大脑中枢神经作为模型，也就是说他们所想的是"自然脑"。但我们只有通过"制造"人工脑，并且只有通过这一不可能性，才能够接近"自然脑"。而人工脑的"不完全性"已经被哥德尔的证明所显示。因此，很明显的，不同领域以不同术语进行论述的诸问题，作为形式化的问题，基本上是共通的。

10　分裂生成

关于城市规划的局限,简·雅各布斯从不同于前述亚历山大的角度进行了考察。首先,她针对城市基于农业或农村的发展而产生的亚当·斯密之后的支配性观点,提出了"先有城市"的观点。(Jane Jacobs, *The Economy of Cities*, Random House, 1969)但是,她并非要争论历史顺序。她所说的"城市"虽然未曾在现实中存在过,但它指的是城市作为城市时应有的形式化特性。

按照雅各布斯的观点,"城市"就是分工的发展,而分工的发展则通过在旧职业中附加新职业而产生。新职业如何被制造?制造者在自身的职业中"结合"某种不同职业来制造新职业。"重要的是,新职业被附加于旧职业时,这种附加直接就横越了职业的范畴。只有在停滞的社会里,职业才会停顿于规定的范畴内。"①

---

① Gregory Bateson, *Steps to an Ecology of Mind*, Paradin, 1973.

她认为，A（新的活动）被附加于 D（某一职业的分工）时，会发生增殖（多样化）。即，D + A = nD。这一多样化如图 7 所示。

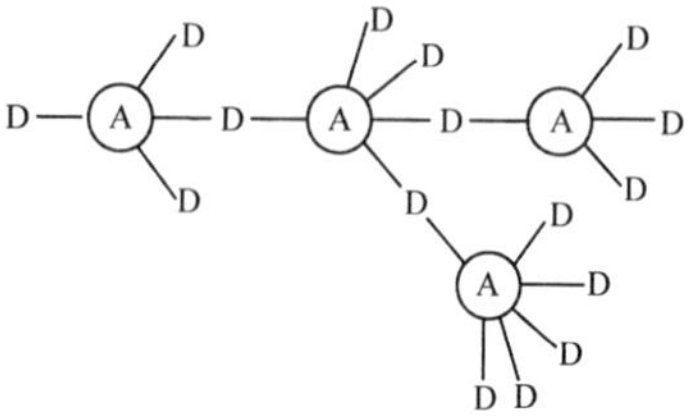

图 7

关于该"逻辑"，雅各布斯作了如下说明：

> 确实，这个过程充满了"出其不意"，在其发生之前进行预测是困难的——或许不可能预测。但是，在该事实发生之后，在附加的财富以及服务存在之后，这些附加总是一时看上去非常逻辑的"自然"。这又是什么逻辑？这是艺术家所使用的逻辑形式，如果真要这么解释，那么它与直观类似。①

这种"逻辑"与所谓"自然脑"中的某种东西属于同一类型。如果说亚历山大还把自然城市作为半网络

---

① Gregory Bateson, *Steps to an Ecology of Mind*, Paradin, 1973.

结构加以结构主义式理解，那么雅各布斯则把城市作为根茎来理解了。按照她的观点，城市规划、经济规划从某一超越论中心将整体构建为"逻辑性"树状结构，但有活力的城市（分工的发展）只有基于多元的中心，或基于不可预测的"范畴横越"才有可能达成。

这就是"计划性"城市规划——无论它是资产阶级制定的，还是马克思主义制定的——在原理上必定失败的理由。因此，她认为要使城市成为城市，就不能自上而下进行计划性大量投资或制定方向，而只有去促使自然形成式的、非方向性网点的差异化。但是令我感兴趣的，不是她的这些结论，而是她的考察中所包含的问题。

我们需要注意的是，虽然雅各布斯大量地引用了具体的历史，但她的形式主义色彩并不逊于亚历山大。任何考古学知识都无法证明她所想象的"元城市"。此外，对原始社会的观察也无法得出这样的推论。因为与现存原始社会所具有的结构性稳定均衡体系相比，"元城市"在根本上是不均衡且过剩的，是非方向性开放的。在此意义上，可以说"元城市"并非源于起始，而是现存的。比如，可以说所谓的原始社会是在不同阶段通过意图性的或偶然性的孤立，从而形成了关闭分裂生成的结构。总之，上述"元城市"只能是形式性的"存在"，而非历史的、现实的存在。

雅各布斯为何要主张城市先于农业的原因非常明

显。那是因为，自我差异化的差异体系在形式上是要先行的。在这一点上，她将城市（city），城镇（town），村落（village）这三个概念形式化，值得注意。这与实际的区分并不对应。"城市"是指持续发展的状态，而"城镇"指的是表面上具有城市性质，但差异化业已停滞的状态。按照她的理论，底特律以及匹茨堡那样的城市已经是"城镇"了。也就是说，这样的区分是非历史的、形式的。这种村、镇、城市区分对应于德勒兹和瓜塔里的超符码化、符码化区分。它们都不是历史性概念。因为某种意义上，在任何一个历史阶段，它们都有可能存在。比如，被计划的城市或经济最终是"城镇"的。

雅各布斯说道："我们对城市以及经济发展的理解被农业先行的教条歪曲了。"并且她还说，连马克思都受到亚当·斯密以来的教条的毒害。或许对通俗意义上的马克思主义这么说也无妨。重视分工，并由此构建出一般性社会史的，是亚当·斯密。他所以将社会史看作一般性分工系统，不是因为之前的阶级社会、种姓社会，而是由于他注意到了英国产业革命中产生的"工厂"或"工厂内分工"。正是"工厂内分工"使得将之前的社会看作分工系统这样的观点成为可能。此外，这种观点也被适用于"蚂蚁分工"、"昆虫社会"等等的生物界，并且在自然界中发现了分工的生物体系。换句话说，由"工厂内分工"得出的观点最终被用来说明整个自然史。但是，这里被遗忘的是，"工厂"或者"工厂内分工"是历史性形成的事实。用一般性分工史的观点看待"工厂内分工"是颠倒了顺序，因为前者是通过"后者"才被发现的。

雅各布斯认为马克思主义者原原本本地接受了亚当·斯密的"分工"观念。也就是说，他们将始于工厂内分工的分工看作是不证自明的。实际上，恩格斯是这样认为的：

> 但是，在以自发的、无计划地逐渐产生的社会内部分工作为生产的基本形式的地方，这种分工就使产品带有商品的形式，而商品的相互交换，即买和卖，就使个体生产者有可能满足自己的各式各样的需要。中世纪的情况就是这样。例如，农民把农产品卖给手工业者，而从他们那里买得手工业品。在这个个体生产者即商品生产者的社会中，渗入了一种新的生产方式。在支配全社会的自发的无计划的分工中间，它确立了在个别工厂里组织起来的有计划的分工；在个体生产旁边出现了社会化的生产。①

对恩格斯而言，有意识地对这样的自然形成性＝无

---

① 《社会主义从空想到科学的发展》，见《马克思恩格斯全集》中文版第19卷第230页，北京：人民出版社，1963。

政府加以管理就是社会主义。由此而引申出列宁的"把社会当作工厂"的思想，丝毫不令人惊讶。但马克思与恩格斯却又有根本性不同。在《资本论》中论述从制造业至工厂的发展时，马克思所重视的并非工厂以及机械，而是制造业。正如刘易斯·芒福德所指出的那样，"工厂"的观念来自于军队以及寺院，事实上，它的组织形式是树状结构。

而按照马克思的观点，制造业中分工的发展是一个将相同事物差异化，从横向结合不同事物的"偶然"过程。制造业是对先前由同业公会固定下来的手工业各种要素进行重新组合时产生的。因此，它解构了被超符码化的中世纪共同体。但是，一旦制造业被确立为"工厂"，分工（劳动的分割）就马上被认为是具有意识性、计划性的。即，被符码化了。

马克思把制造业作为先行于工厂之物而提出，与雅各布斯将元城市作为先行于农村之物提出相类似。重要的是，这不是历史顺序问题，而是它指出了资本主义发展的秘密不在于"工厂"，而在于"制造业"，并且还谱系学式地指出了将工厂的成立这一原本偶然事件必然化的倒错。

恩格斯对这样的"自然形成性"一贯持否定态度，马克思却完全不同。比如马克思在《德意志意识形态》中，频繁使用了分工与交往的概念。后来恩格斯将其改换为"生产力与生产关系"，却丢掉了其重点。马克思所说的分工（劳动的分割），指的是差异化，此外，可以说交往指的是异类结合。而且，正如马克思所说"战争本身还是一种经常的交往形式"那样，交往这个概念还包含偶然的、无基础的、横向的、情色的、暴力的语义在内。"生产关系"这一概念多多少少令人想到封闭的分工体系。但是，我们应该注意马克思强调了"交往"概念。相对于"关系"以及"交流"的静态，"交往"是动态的、偶然的。

总之，马克思在《德意志意识形态》中，首先要提出的是分工（差异化）以及交往（偶然的横向结合）的视角，而并未主张"农业的先行性"。马克思所带来的，并非仅仅是从唯物论说明历史。在以"制造"视角把握世界史的黑格尔之后，马克思把历史看作是"自然史"。这指的是人类制造了历史，但实际上却并不存在制造者（主体）。也就是说，尽管人类制造了历史，但其制造过程却无从知晓，因此马克思所要揭示的，是某个对人类而言作为异己"力量"发挥着作用的东西。此时，"自然形成性"是个具有决定性的重要概念。

> 受分工制约的不同个人的共同活动产生了一种社会力量，即扩大了的生产力。由于共同活动本身不是自愿地而是自发地形成的，因此这种社会力量在这些个人看来就不是他们自身的联合力量，而是某种异己的、在他们之外的权力。关于这种权力的

10　分裂生成　075

起源和发展趋向，他们一点也不了解；因而他们不再能驾驭这种力量，相反地，这种力量现在却经历着一系列独特的、不仅不以人们的意志和行为为转移的，反而支配着人们的意志和行为的发展阶段。①

马克思并不认为这样的"自然形成性"最终可以统一，这与恩格斯所说的从"自然王国"走向"自由王国"形成了对照。马克思通过"制造"揭示了"生成"的根源性，并将其凝缩为"自然形成"一词。在马克思主义中，与恩格斯、列宁把自然形成性视为资产阶级、无政府主义而加以否定相反，罗莎·卢森堡则肯定了自然形成性，并认为目的意识性应该通过与其对话（＝辩证法）来进行自我修正。但是以这种组织论观点来看，马克思所说自然形成性（naturwüchsigkeit）的意义必定会被忽略掉。事实上，尽管马克思在《资本论》之前始终使用了 Naturwüchsigkeit 一词，卢森堡却使用了 spontaneität。相对于后者是个具有神学起源的概念，前者则具有植物繁茂增殖的意象，就如同德勒兹和瓜塔里所说的"根茎"具有植物性意象那样。总之，马克思在提出自然形成性时，指的是自然形成性与目的意识

---

① 《德意志意识形态》，见《马克思恩格斯全集》中文版第 3 卷第 38—39 页，北京：人民出版社，1960。

性的对立只是某种派生的形式,它与雅各布斯有关"城市"的论述相同。

进一步而言,以"分工与交往"视角所看到的历史中,既没有黑格尔所说的"理性",也没有西欧中心主义的"中心",既无始也无终。以"理性""中心"为默认前提的思想都是意识形态。因为"分工与交往"即作为差异化以及横向式结合的历史,其本身是偶然的、无意义的。但是使其必然化、树状结构化的意识形态又是从何产生的呢?它也产生自分工。

> 分工起初只是性交方面的分工,后来是由于天赋(例如体力)、需要、偶然性等等而自发地或"自然地产生的"分工。分工只是从物质劳动和精神劳动分离的时候起才真正成为分工。从这时候起意识才能真实地这样想象:它是同对现存实践的意识不同的某种其他的东西;它不想象某种真实的东西而能真实地想象某种东西。从这时候起,意识才能摆脱世界而去构造"纯粹的"理论、神学、哲学、道德等等。[1]

马克思所要表达的,并非诸如在历史的某个阶段之

---

[1]《德意志意识形态》,见《马克思恩格斯全集》中文版第3卷第35页,北京:人民出版社,1960。

前存在着自然形成的分工发展，后来才有"真正的分工"那样的观点。他所要说的是后来也是自然形成的生成，但其中却被不断加入了自上而下进行管理、压制的视角。这并非发生在遥远的过去。因为，事实上，马克思在后来论及制造业发展为工厂时，也提出了同样的观点。

然而我们可以说，马克思在此论述了作为隐喻的建筑师（＝哲学家）的起源。他所提出的，不是什么被叙述了，而是谁在叙述的问题。作为历史"主体"的"精神"（黑格尔）以及历史"叙事"本身就是分工的产物。它们都是作为"分工"的结果的、自以为可以独立的"意识"（哲学家）的产物。无论哲学家如何思考，它们都是被自然形成性分化的结构（＝力量）推动着的，但哲学家们总是把这一结果表征为"矛盾"。因此，看上去似乎是"矛盾"成了原动力，"那个力量"被抹去，虚假的"生成"被虚构。毋庸赘言，所谓矛盾（对立），是指将多重的偏移、偏差封闭至一个体系内并加以简化时才被发现的。在"意识"由自然形成的差异化结果而虚构出来的生成辩证法中，"生成"本身业已被抹消掉了。

作为推动历史的原动力的阶级斗争就是这样的叙事，但是"阶级斗争"绝不能被否定。比如雅各布斯这样说道："新职业附加于旧职业的过程以及与同业公会式职业范畴之间的冲突，是中世纪欧洲社会争端持续的源泉。"① 当然，虽然形式会不同，这在当今、今后都将如此。马克思所说的"阶级斗争"总是发生在城市，或者是在话语中。它只有在因"不可预测"的"出其不意"而导致的非方向性差异化行动以及试图将这一行动封锁在原有的稳定体系内的行动之间，才会发生。

马克思的斗争并非实体存在的斗争，毋宁说它是经事后解读才被揭示的某种东西，就如同尼采在"阶级斗争"（诸如战士与僧侣）中解读宗教与哲学那样。它并不存在于诸如资本家阶级与工人阶级那样的二元对立的"矛盾"中。那样的对立仅仅是舍弃了时刻在生成变化的分工与交往的具体形态，是简单化了的意识形态。也就是说，仅仅是以"矛盾"的生成来解释"历史"的叙事而已。它所发挥的作用，相反地压抑了具体的、多样生成的"阶级斗争"。因此，阶级斗争只作为那样的叙事以及斗争，才能得以存在。

[注] 冯·哈耶克把视社会整体是可透视且可进行设计的思想称为建筑主义，并认为其鼻祖是马克思与笛卡尔，但这种观点非常通俗且简单化（关于笛卡尔将在第三部第18节论述）。哈耶克针对建筑

---

① 《德意志意识形态》，见《马克思恩格斯全集》中文版第3卷第35页，北京：人民出版社，1960。

主义提出了 spontaneous order（自发秩序），这与马克思所说的自然形成相类似。马克思正是针对黑格尔主义思想提出了"自然形成性"的对立概念。

需要注意的是，马克思特意避开具有神学意义的 spontaneous 一词，而使用了 Naturwüchsigkeit 这个用语。这一差别在英译时被忽略了。前者具有各人的 spontaneous 意志通过神的恩宠而最终归于和谐秩序 order 的含义。更为明显的是，哈耶克所说的自发秩序 spontaneous order 中，蔓延着亚当·斯密所说的在市场经济中发挥作用的"神之看不见的手"。因此，哈耶克后来把 spontaneous order 换成了自组织系统。但自组织系统终究还是系统，它可从更高处俯瞰。马克思以及同时代的无政府主义者都重视 spontaneous，但正如傅立叶、蒲鲁东那样，这与"设计"乌托邦社会并不矛盾。那里隐潜着与古典经济学或古典自由主义相通的神学 desim。也就是说，表面上建筑主义与自发秩序似乎相互对立，其实二者立足于共同的前提。对此，马克思试图以自然形成性概念加以说明的，是存在于自发秩序以及建筑秩序这个二元对立基础里的分裂生成。这样的分裂生成无法通过计划性组织进行管理，但同时它又不断使自发秩序解体。马克思反对资本主义市场经济，但同时也反对对其进行国家式管理。对马克思而言，共产主义只有在必须依附市场同时又不可依附市场的二律背反中去探寻。

11 存在

自指的形式体系是动态的,这是因为那里在不断发生偏离(自我差异化)。它没有使体系成为体系的决定性元层级或中心(就如尼采所想象的"多元主观[主体]"那样,也可以说是多元中心)。而且,正如直观主义者所说的那样,排中律无以成立,能够成立的不是"非此即彼",而是"即此即彼"。总之,自指的形式体系总是不均衡的、过剩的。

在数学的结构主义中,人们回避自指的悖论而发现了稳定的结构。但是,当"结构主义者"试图应用数学的结构主义时,各个领域都遭遇到了在数学中得以回避的困境,比如拉康强调说"象征界"开着一个"洞"。不过,在此我们还是来看看列维-斯特劳斯。

列维-斯特劳斯以形式结构(克莱茵群)去理解原始社会中在经验上看很混乱的亲族基本结构,于是发现了因各个地域不同而显得多样的诸形式在结构论上的一致。但是,只要列维-斯特劳斯是以亲族关系为对象,那么他就会使这样的结构成为可能,也就是说,他不得不叙述近亲通婚禁忌的"起源"。此时，应该注意的是，他并非从遗传学角度，而是作为形式结构为了完成其结构的逻辑性要求来观察近亲通婚禁忌的。近亲通婚禁忌就是所谓的自指的禁忌。

列维-斯特劳斯之前无人持有这样的观点。人们几乎都是以心理主义或功能主义来解释近亲通婚禁忌的。列维-斯特劳斯之所以能够否定，或者说不得不否定诸多见解，是因为他的出发点在于把亲族的多样关系形式化，此时，近亲通婚禁忌就不是历史的、遗传学的问题，而是被作为确保形式体系的逻辑性公设了。

因此，即使列维-斯特劳斯看似从遗传学角度论述了近亲通婚禁忌的"起源"，其实绝非如此。这就像胡塞尔在追问"几何学的起源"时，看似从历史学角度切入，但其实不然一样。实际上，正如列维-斯特劳斯本人所言，现存的原始社会在历史意义上与原始社会无关，对前者的考察不可能探明历史性起源。可是我们又无法依靠考古学资料以及神话、传说，我们能够办到的，就是基于形式方法进行追溯。但是列维-斯特劳斯所进行的追溯却从结构主义构建稳定形式体系的基础性场域中，发现了令人不安的摇摆。

换句话说，列维-斯特劳斯把语言、习惯等共同主观形式称作"文化"。谁都明白，文化或者社会制度并非源自自然。但是如果不把"文化"看作先验的公设，那最终我们就不得不从"自然"中导出"文化"，然而

11 存在 | 083

"文化"又不是派生自"自然"。为了解决这一困境,列维-斯特劳斯在"禁忌"中寻求答案。但是,"禁忌"又源自何处?

我们已经指出,那些受困于近亲通婚禁忌问题的旧理论家们必定立足于以下三个立场中的某一个,即:有些人认为其规律具有既自然又文化的双重性质,但这种观点无非是通过思维的理性过程在自然与文化二者之间确立了来自外部的联系;另外一些人则主要想或者说尤其想通过自然的诸原因对近亲通婚禁忌进行说明,或者主要想或者说尤其想在其中发现文化现象。可以肯定的是,这三个视角中的任何一个都导致了充满不可能或矛盾的结果。解决之道应该在于由静态的分析走向动态的综合。近亲通婚禁忌既不纯粹是因为文化起源,也不纯粹是因为自然起源。而且它更不是部分源自自然、部分源自文化的,混合了各要素的调和物。它是一种基础性过程,是一种由于它、因为它,或者说正是在那里,自然得以完成向文化过渡的基础性过程。在某种意义上,它属于自然。因为它是文化的一般性条件,也正因为此,我们不必为它所具有的形式特征即来自自然的普遍性而感到吃惊。但是在另一种意义上,它在并不依附于它的现象内部发挥、遵从它的规则,它已然是文化的了。我们一直被教导,应该把近亲通婚问题作为人类的生物特性以及社会特性之间的关系提出。而且我们很快就论证了,禁忌并不明确表现这两个特性中的某一方。在本书中,我们的目的在于揭示近亲通婚禁忌很明显是联系二者的纽带,并阐明如何解决这一无规律性。(《亲族的基本结构》)

此处论述的,正是"不可确定性"。近亲通婚禁忌为人类所制造,但又不是人类制造的。因为,相反地它使人类成为人类。那么究竟是谁制造的?列维-斯特劳斯这样说道:"近亲通婚禁忌是自然通过它超越自身的过程"。毋庸赘言,此时的列维-斯特劳斯所说的"自然",其含义发生了变化。它不可能是作为"文化"对立物的"自然"。而列维-斯特劳斯所遭遇的令人眩晕的问题,正是在试图构建形式结构之时,而且也只有在此时才会出现。但他并未在此处做长时间的停留。

我不禁想起了海德格尔所坚持的存在者与存在的差异问题。盎格鲁裔的分析哲学家嘲笑说,这无非是对象层级与元层级的差异而已。我也不喜欢海德格尔滥用存在这一概念。我毋宁想按照被海德格尔批判为止步于"遗忘存在"的形而上学框架内的尼采的说法,称存在论只是被印欧语言中的固有文法所支配的东西。但如前所述,海德格尔的立脚点在于尼采所未知的形式主义(他称之为"控制论")。在这一语境中,他所不断强调的"存在者与存在的差异"意味着什么？

这种关系显示为一种分裂的关系。在这里，悬而未决的问题仍然是：我们与存在的关系中的这种分裂状态的原因在我们身上还是在存在本身那里？对这个问题的解答将重新裁定这种关系的本质中的某种重要因素。

上述对立面是否处于存在本身的本质中，或者，是否仅仅起源于我们与存在的分裂关系，甚至是否我们与存在的这种关系起源于存在本身，因为它寓意于存在？这些问题固然是关键性的，但更为迫切的问题首先还是：根据实情来看，我们与存在的关系竟是一种分裂的关系吗？

难道我们自己竟是如此分裂地对待存在，以至于这种分裂状态贯通并且支配着我们本身，也即贯通并且支配着我们对存在者的对待行为？我们必须回答说：不是的。在我们的对待行为中，我们只是站在对立面的一边：对我们来说，存在是最空虚、最普遍、最明白易解、最常用、最可靠、最多地被遗忘、最多地被言说的东西。对于这个东西，我们甚至几乎不加留意，所以也没有把它认作与其他东西对立的东西。

存在对我们来说始终是一个无关痛痒的东西，而且因此我们也几乎没有去关注存在与存在者的区分，虽然我们把一切对存在者的对待行为建立在这个区分基础上。但不光是我们今人处身于那种尚未被经验的与存在的关系的分裂状态之中。这种"处身于外"和"全然无知"乃是一切形而上学的特性；因为对形而上学来说，存在必然是最普遍的、最明白易解的东西。在存在范围内，形而上学仅仅思考不同存在者领域的向来具有不同等级和不同层次的普遍之物。

在整个形而上学历史中，从柏拉图把存在者之存在解释为"相"，一直到尼采把存在规定为价值，存在都很好地并且不言自明地被保存为作为理性动物的人与之相待的先天性。因为与存在的关系仿佛已经在无关痛痒的状态中消失了，所以，对形而上学来说，存在与存在者的区分也不可能成为值得追问的。①

在此，我们不妨像逻辑主义者那样把海德格尔的"存在者与存在的差异"看作是对象层级与元层级的差异。罗素将这种差异（区分）称为逻辑类型。但海德格尔所说的"差异"并非指罗素的区分（分类），而是如同哥德尔所证明的那样，是指这种区分必定要遭破

---

① 《尼采》下卷第885页，孙周兴译，北京：商务印书馆，2003。

坏。柏拉图把存在者的存在性解释为理念。这与逻辑主义者一样，是为了确保这一区分（分类）。反过来说，逻辑主义仍在柏拉图的形而上学的框架之内。

对此，海德格尔所表达的是：试图以这样的区分（分类）来保持合理的形式体系，是对原本不可能进行区分的状态的一种逃避。实际上，虽然海德格尔反复追问，却无法回答那个"不可确定性"。也就是说，

>……上述对立面是否处于存在本身的本质中，或者，是否仅仅起源于我们与存在的分裂关系，甚至是否我们与存在的这种关系起源于存在本身，因为它寓意于存在？

但是对他而言，重要的就是绝不作出回答，是停留于"不可确定性"的问题之内。

我们可以在我们的语境内将其换成另一种说法。海德格尔最终要寻找的，就是自指的形式体系，或者是自我差异的差异体系。即，他所称的"遗忘存在"就是对自我差异其本身的遗忘。像哥德尔针对罗素等逻辑主义者所做的那样，海德格尔向胡塞尔等逻辑主义者抛出了无基础性（不完全性）。他以建筑的隐喻论述道："不过，存在并没有提供给我们一个像存在者那样的基础和基地，好让我们投身其中，在那里建造什么，好让我们依循于它。存在是对这样一种奠基作用的拒绝，它

放弃一切奠基性的东西,是深渊般的'ab-gründig'。"

按照海德格尔的说法,柏拉图通过把"存在者的存在性"当作理念而找到了基础,即找到了得以在其上构建形式体系的基础。但是,如同哥德尔所证明的那样,正因为任何一个形式体系都会被逼进自指,所以任何一个形式体系都具有无—基础性(深渊)。相反而言,海德格尔所说的"遗忘"正是指对产生无—基础性、不可确定性、过剩的自指性的禁止。

然而海德格尔的这种评价本身完全是形式的。我们非常了解海德格尔的活动在政治上具有何种意义。因此,我们在此又会遭遇到另一个问题,那就是思想家的工作,我们能否离开其所属的历史性语境而从"形式上"予以评价?不过,这问题本身亦是个形式化的问题。

12　哲学的形式化

没有一个领域能避免形式化。正如我反复说过的那样，即使人们将称作"自然"的领域与其对置也于事无补。因为"自然"本身就是通过形式化而被发现的。无需多言，这也包括哲学本身。胡塞尔已经困惑于形式化之后哲学还剩下什么的问题。或许哲学只能作为"哲学还剩下什么"这样的自指性问题存在吧。但这问题本身也避免不了形式化。

比如，有一种趋势试图针对哲学来恢复一直被哲学排斥的修辞。佩雷尔曼在《修辞的帝国》中，提出了作为传统修辞学几乎不提及的辩论技术之"概念的分割"。"现象和实在"这一对概念是其最具代表性的例子，偶然和本质、相对和绝对、个别的和普遍的、抽象的和具体的、行为和本质、理论和实践等二元对立，也是人们耳熟能详的。佩雷尔曼把这些称为"第一项和第二项"，认为它们并非仅仅是二元对立，并作了如下说明。

我们可以以现象和实在这一对概念为蓝本，用第一项和第二项的形式表示哲学性概念。第一项表示现象性之物、最先出现之物、现实之物、直接之物以及可直接认识之物。第二项与第一项之间存在着区别，但这一区别只有在与第一项相关联时才能被理解。为了排除出现在第一项的各个样态之间不能两立的关系而在第一项内进行分割的产物，就是第一项与第二项的区别。第二项表示的是，使得在第一项的各个样态中进行有价值之物、无价值之物区分成为可能的标准、规范。第二项并非仅仅是被给出的才存在于那里，它是在分割第一项时使得在各个样态之间设置上下关系成为可能的规则的一个组成物。与决定什么是现实存在的第二项不符合之物，就是表面之物、错误之物、在贬义上的现象之物。第二项是相对于第一项的规范，同时又是说明。①

佩雷尔曼指出，西方哲学史存在于这样的二元对立中，同时也会因为这些成对儿概念的上下颠倒而产生出"独创性思想"，并且不仅仅停留于"颠倒"上。他这样说明道：

---

① Chaim Perelman, *The Realm of Rhetoric*, University of Notre Dame Press, 1982.

独创性思想毫不犹豫地颠倒这些成对儿概念的上下关系，但是这种颠倒也鲜有不经对成对儿概念的两项中的一项进行修正就产生的。因为必须言明颠倒的理由。于是，把个别的/普遍的这样的具有传统形而上学特征的成对儿概念加以颠倒后，就成为了抽象的/具体的这样一种成对儿概念。这是因为普遍不是柏拉图式理念那样高度的实在，而被看作是从具体之物派生出来的抽象物，并且作为唯一的具体存在的个别之物被视为更有价值。此时被直接给出的东西正是实在，而抽象物不过是对应于理论/实在的这一对儿概念的派生性理论的产物而已。①

第二项属于"第一项和第二项"的对立，同时又支撑着这个对立。因此，颠倒不可能仅仅是二元对立（图）中的颠倒，也必须将支撑着这一对立的第二项（底）进行颠倒。为此，只需带入无法确定底与图的状态即可。也就是说，要使固定着第一项与第二项上下关系的逻辑分类失效。

德里达所说的解构正是如此。但是历来的"独创性"哲学难道不都是解构的吗？当然是如此。正因为如此，才可能对它们进行解构式解读。除此之外还因为，

---

① Chaim Perelman, *The Realm of Rhetoric*, University of Notre Dame Press, 1982.

带来哲学变化的不是历史状况,而是它本身那无法最终确定的自指体系。但是如果真是这样,那么对哲学的批判也必定会再次回归于别的二元对立。比如,主张文本以及修辞的优越性的观点一旦占据支配地位后,就会变成图 8 那样。

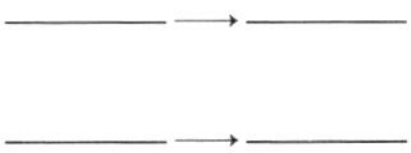

―――→
―――→

图 8

右边的形式与左边的形式有区别吗?这是建立在文本以及修辞基础上的新的形而上学。德里达这样说道:

> 如果声称哲学话语归属某一语言的完结,就必须从该语言以及它提供的对立概念开始研究。依照可界定的完结,哲学总是重新挪用(reappropriate)为自己划界的话语……尼采说哲学家仍被囚禁在语言之中时,比谁都偏激、明确,可是他同时却探索一种实际已呈现半世纪之久的可能性——尽管这时属于哲学兴趣。在这种情况下,尼采的话语同其他人的一样,都不能逃脱挪用法则。[①]

―――――

[①] 《系动词的增补》,译文引自《西方二十世纪文论选》第二编第 468—469 页,胡经之、张首映主编,北京:中国社会科学出版社,1989。

德里达本人也未能逃脱这一"法则"。为了避免那样的"挪用",他必定要不停地移动。但这具有什么样的意义却是另外的问题。阿尔都塞这样说道:

> ……如果说整个哲学史就是这些形式的历史,那么通过把诸形式还原为这些形式所反映的不变的倾向,诸形式的变形就会化为一种无意义的游戏。最终而言,哲学没有历史。哲学,是一种除了毫无意义的反复之外什么都没有发生的奇妙的理论之场。(《列宁与哲学》)

因此,颠倒二元对立的上下关系,或者废弃对立本身都只是形式性问题,并没有意义。然而也并非毫无意义。阿尔都塞接着又说道:

> 颠倒显然是发生在哲学之中即哲学所澄明的话语之中。虽然它几乎毫无价值,但也并非完全没有价值。毋宁说它是废弃的即废弃被换为相反的上下关系之前的上下关系的一个结果。因此通过支配哲学整个体系的最终的范畴而在哲学内部下的赌注,也就是这个上下关系的意义,也意味着将某一个范畴置于支配性的位置。(《列宁与哲学》)

但是我还必须附带说一句,这个"意义"并不能在哲学的内部决定。无论是怎样激烈的颠倒，都可能仅仅以形式性的游戏告终，或者成为占统治地位的意识形态。比如，观念论也曾有过具有革命性"意义"的时期和场域，唯物论也有过仅具保守"意义"的时期和场域。总之，哲学的"意义"无法在哲学的内部来决定。决定哲学的意义的，是哲学的"外部"，或者说是形式的"外部"。但是，"外部"只要被当作"外部"来理解，它就不是外部了。德曼所说的形式主义（＝牢笼）的严重性也在于此。我们是否能够找到出口呢？

第三部

教与卖(Teaching & Selling)

13　唯我论

　　1931 年，哥德尔的"不完全性定理"震撼了当时的数学界以及哲学界，其余震延续至今。在前面章节中我所论述的，尽管是以另一种形式，却证明了其影响至今犹存。但是值得注意的是，1936 年完成了《哲学研究》第一部的维特根斯坦似乎远离哥德尔所引发的骚动。他并非放弃了对数学的关心。他几乎在完成《哲学研究》的同时，发表了《论数学的基础》（1937），如此看来，毫无疑问他依然关心着数学。事实上，如果不思考《论数学的基础》，则无法理解《哲学研究》。但奇怪的是，在《论数学的基础》中，他几乎没有提及哥德尔，只在关系到罗素批判时才有所提及。

　　我的任务不是从内部，而是从外面抨击罗素的逻辑（像哥德尔那样）。
　　我的任务不是谈论譬如哥德尔的证明，而是在谈论时绕过它。①

　　这里的"外面"以及"绕"的说法意味着什么？哥德尔从"内部抨击"罗素的意思是，在形式体系的内部引出不可确定性从而瓦解形式体系。维特根斯坦的这句话的意思似乎是说：哥德尔从"内部"抨击，那我就从"外面"加以抨击。但他想说的其实是：哥德尔属于罗素的"内部"。

　　哥德尔是个沉默的柏拉图主义者。比如他指出了康托尔的连续体假设的不可确定，但实际上，他说的是就算该假设的错误无法进行形式证明，但只要加以沉思就能够直观地理解。也就是说，他通过形式证明来揭示出基础的缺场，是因为他相信不需要这种基础的数学的"实在"。虽然他并没有就此进行论述，却隐隐地暗示了这一点。因此，维特根斯坦的矛头与其说对准了相信形式性基础的罗素，不如说对准了虽然根本不信却装出相信的样子，并且对其进行了解构的哥德尔"否定的神学"。如前所述，如果说哥德尔的方法与一般的解构相通的话，那么维特根斯坦也与之相似，但我们必须承认他们非常微妙地指出了根本不同的方向。

　　关于哥德尔，维特根斯坦这样说道："不论听起来

---

　　① 《论数学的基础16》第5篇，见《维特根斯坦全集》第7卷第296页，徐友渔、涂纪亮译，石家庄：河北教育出版社，2003。

多么令人奇怪,我们那个与哥德尔定理相关的任务只不过就是弄清楚,像'假定人们可能证明这一点'这样的命题在数学中意味着什么。"① 他要做的是,从根本上去怀疑哥德尔所说的作为不可确定性及可确定性的前提之"证明"这一程序。数学知识之所以被认为"确实",是因为数学是从公理中坚实地推导出来的。但这种推导是机械性地进行的吗?维特根斯坦强调说,证明不是自动进行,而是人们根据规则来进行的。实际上,柏拉图在"对话"中也思考了几何学的证明问题。或者说,柏拉图之所以将之前的"数学"视为"确实",是因为他把作为对话的证明引入了其中。

在柏拉图的《美诺篇》中,苏格拉底让不懂几何学的少年证明某个定理。接着,苏格拉底指出并不存在"教"与"学",人们只是"回忆"而已。苏格拉底的这一观点作为"美诺悖论"或者教育悖论广为人知。这个证明是在"对话"中进行的,此时的苏格拉底只进行提问。"您瞧,美诺,我并没有教他任何东西,只是在提问。"② 确实,苏格拉底什么也没有教。这一对话的前提是这样一个规则:如果某个基本的前提(公

---

① 《论数学的基础19》第5篇,见《维特根斯坦全集》第7卷第301页,徐友渔、涂纪亮译,石家庄:河北教育出版社,2003。
② 《柏拉图全集》中文版第1卷第509页,王晓朝译,北京:人民出版社,2002。

理）被人接受，那么其后他就不会作出与之矛盾的事情。如果这个少年毫不在乎自己所说与自己先前所说相矛盾，那么就不可能进行证明。苏格拉底与少年之间共有一条默认的规则。

在共有规则中进行的对话，并非与"他者"的对话。事实上，这样的对话（＝辩证法）可以转换为自我对话（独白）。苏格拉底的方法依据的是当时雅典的法律制度。尼古拉斯·雷舍尔从辩论的形式或者法庭的形式反思了辩证法（《对话的理论——反思辩证法》）。这种形式首先始于提案人（检察官）提出意见，然后由反对答辩方（辩护律师）对其进行反驳，最后再由提案人作出回答。此时，提案人的主张无须是令人无法反驳的自明的命题（真理）。只要当时没有针对提案人的主张提出有效的反驳，那么该主张就被推定为真。在这种辩论中，只有提案人才有"取证责任"，反驳方则不必出示积极的证据。因此，苏格拉底的做法是法庭的形式。柏拉图从苏格拉底的审判入笔，苏格拉底愿意服从于己不利且不公的判决，在这一意义上具有象征性。无论判决是否虚假，苏格拉底不承认未经过法庭程序的真理。

在这样的法庭中，相互对立者共有相同的规则。比如检察官与律师总是可以作为角色而相互替换。不接受这种法律语言游戏者会被强制从法庭退场或者作为病人免于审判。在这种游戏中，无论对方是怎样的敌对方，都不是他者。因此，正如雷舍尔所说的那样，这样的对话可以变形为自我对话。柏拉图的对话只是以对话形式来描写的，它基本上是一种独白。此外，在亚里士多德以及黑格尔那里，辩证法变成了内省。在这一意义上，可以说西方的哲学始于作为对话的内省。

苏格拉底（和柏拉图）所提出的思考，正如人们常说的那样，并非理性内在于世界以及自我，而是只有经过了这样的"对话"才是理性的。拒绝对话的人，无论他掌握了多么高深的真理，都是非理性的。理性是否存在于世界以及自我之中并非问题，只有经过了对话的东西才是合理的。苏格拉底以前的思想家们就曾这样被"审视"。理性，指的是以与他者的对话为前提这一事情本身。无论"证明"以什么方式写成，因为它包含在与他者"共同探讨"（柏拉图）的内部，所以具有强制力。数学所以被特权化，是因为数学知识具有超越主观（我）的强制力，但其理由并非在于数学本身的特质，而是基于柏拉图下面这一思想：只有经过了一种法庭式对话的东西才能被承认为数学。于是，数学的"证明"成了超越个人的认识。因为，它产生于共同的主观。

维特根斯坦的怀疑指向了支撑着"证明"这样的"对话"本身。这与他的如下认识相关：数学是各种规则体系的集合，规则之间的"翻译"是可能的，但无法将规则还原为单一的规则体系。而且，这当然不只局限于数学，也涵盖了语言游戏整体。但我们不应忘记，维特根斯坦的矛头对准了总是被格外对待的数学及其证明。他怀疑柏拉图式的"对话",是因为这并非与他者的对话。正因为这样,它才转化成了自我对话。如果他者可以被内化于自己内部,那是因为自己与他者共有一个规则。但是,所谓"他者"难道不是指那些不具有共同规则的人,其"对话"不正是与这样的他者的对话吗?可以说维特根斯坦在《哲学研究》中想引入的,是绝对不能被内化的他者,或他者的他者性。重要的是,此时他又再次引入了柏拉图所否定的"教育"。

14　教的立场

撰写《逻辑哲学论》(1921)的时期被称为维特根斯坦的前期,而《哲学研究》(1937)之后则为后期。其间有一段漫长的沉默期,维特根斯坦放弃了哲学,回到维也纳,从军参加第一次世界大战,后来作了三年(1922—1925)小学教师,紧接着又从事了两年(1926—1928)建筑工作。据说这些都是他为了治疗神经衰弱症而偶然选择的工作。但是,这一看法不过是期待他回归"哲学"的亲朋好友们的意见。此外,仅仅把这一时期看作是维特根斯坦从"前期"转向"后期"的一个过渡空白期,也并不正确。因为这无非是把维特根斯坦的人生作为哲学家再度构建的后人们的看法而已。毫无疑问,维特根斯坦曾经放弃过"哲学"。按照亚里士多德的说法,正因为哲学是闲暇人之所为,所以才高尚。维特根斯坦放弃了财产,意味着他放弃了这样的哲学。正因为他放弃了哲学,所以才成了小学教师。尽管如此,这些经验给他带来了完全不同于前期的"哲学"。

比如,《哲学研究》第一部(1936)的一个特征是,他总以教育小孩为例,但又不像皮亚杰那样论述儿童的发展心理学。

> 一个不懂我们的语言的人,如一个外国人,经常听到一个人命令说:"拿给我一块板石!"可能会以为整个这一串声音是一个词,也许相当于他的语言中的"石料"这个词。①

与外国人或小孩交流,换句话说就是教和自己没有共同规则(符码)的人。从对方而言,情况也是相同的。也就是说,与没有共同规则的他者的交流,必定会形成"教—学"的关系。在通常的交流论中,其前提是共同的规则。但与外国人、小孩或者精神病患者之间的对话,则要么这样的规则当时还没有成立,要么难以成立。这样的情况并非特例。

我们都是作为小孩出生,从父母那里习得语言的。最初的交流就是在"教—学"关系之中进行。此外,在我们与他者的对话中,肯定总有某个无法相通的领域。这时,交流就会采取互教的形式。如果存在共同的规则,那也只是在"教—学"关系确立起来之后。因

---

① 《哲学研究20》第15页,陈嘉映译,上海:上海人民出版社,2001。

此，"教—学"这一非对称关系是交流的基本状态。这绝非异常。所谓正常（规范）的状态，即具有相同规则的对话，才是异常的。用巴赫金的话来讲，那不过是自我对话（独白）而已。维特根斯坦引入"他者"，也就意味着引入了非对称的关系。

这里，我们不应从"教"的立场联想到权力关系。正好相反，"教"的立场是一种弱者的立场，他必须依附于他者的理解。如果我们换一个例子，或许可以将其比作"卖"的立场。马克思说道："W—G。商品的第一形态变化或卖。商品价值从商品体跳到金体上，象我在别处说过的，是商品的惊险的跳跃。这个跳跃如果不成功，摔坏的不是商品，但一定是商品所有者。"[1] 也就是说，各个商品中并不包含古典经济学家所说的价值在内。商品不用来卖（交换），就没有价值；而为了卖，商品又首先必须具有对他者而言的使用价值。

这同样可以用来说明"语言"。如果语言对他者没有意义则对我自己也没有意义。正如维特根斯坦所言，不可能存在"私人语言"。重要的是，当经济学家以及语言学家认为交换是通过"规则"进行时，马克思以及维特根斯坦则尝试在危机之处对交换进行考察。因此，对维特根斯坦而言，"一个不懂我们的语言的人，

---

[1] 《资本论》第1卷第1篇第3章第2节a，见《马克思恩格斯全集》中文版第23卷第124页，北京：人民出版社，1972。

如一个外国人"并不仅仅是选来用作说明的众多例子中的一个。对他的"方法论怀疑"来说，这是不可或缺的他者。比如，我在说"拿给我一块板石!"时，我以为我的内心确实具有这样的内在意思。但是如果对他者而言，这句话意味着"建筑材料"，那么上述的内在过程也就不存在了。应该说这一怀疑等同于笛卡尔的怀疑。

维特根斯坦的"他者"是否定我们的内在过程者。借用克里普克的说法，他是作为"令人恐惧的怀疑论者"出现的。维特根斯坦说过："我们刚才的悖论是这样的：一条规则不能确定任何行动方式，因为我们可以使任何一种行动方式和这条规则相符合。"① 克里普克论及过这一悖论。比如，谁都承认这样的计算：

$$2+2=4\cdots\cdots(1)$$

然后我们假设列出了如下算式：

$$2+3=6\cdots\cdots(2)$$

这并没错，如果我们把"+"符号作为"乘"的意思（规则）来理解的话。这意味着我们是在事后才找出满足（1）和（2）的规则。

再看下面这个算式。

---

① 《哲学研究201》第123页，陈嘉映译，上海：上海人民出版社，2001。

$$2+4=6\cdots\cdots(3)$$

这时，如果"＋"的计算结果超过6，那么只要考虑使其成为6的规则即可。同样的，以后每次列出新的算式，只要更改"＋"符号的意思（规则）即可。我们无法预先决定"＋"在下一步用作什么意思。应该说，这也适用于整个语言。

在此，让我们来模仿克里普克，把在（3）中所发现的"＋"符号不称作加号，而称作"quus"；把这样的计算不称作加法，而称作"Quaddition"。另外让我们假设"他者"认定我在（1）的计算中，必定已经把"＋"符号解释为"quus"。我无法对这样的认定进行反驳。克里普克说，维特根斯坦的"怀疑论者"就是这样出现的。

> 怀疑性的挑战所要揭示的是这样的事情：我内心的历史或我以往行动中的任何东西——即使搬出全能的上帝所能知道的所有事情——都无法确定我是意指加法还是意指"quus"。但如果是这样，我们可以得出如下结论：就算我并非意指"quus"而是意指加法这件事情得以构成，但并没有关于我的事实性东西的存在。如果怀疑论者认为实际上我意指"quus"，而我的内心历史当中或者我的外在行动当中没有任何东西能让我去回答；如果没有我是如何意指加法而非"quus"这样的构成事实存在，

14 教的立场 | 109

那么现在也不可能存在我意指的不是加法而是"quus"这样的构成事实。我们一开始提出悖论的时候，不得不使用"现在的意思毋庸置疑"这样的词句，但正如预期的那样，现在我们知道了这样的暂时让步完全是个虚构。无论何时，都不可能存在我以"加法"一词或其他词语来意指的相关构成事实。也就是说梯子最后必定要被踢翻。（《维特根斯坦论规则和私人语言》）

把"教"的立场用到极限时会产生这样的"怀疑"。如同我在后面所述，我不能同意克里普克从这个悖论中引出"共同体的先行"。因为那既不正确，也容易产生误解。但重要的是，他指出了就是"全能的上帝"也不可能知道与他者关系中发生的不确定性。换句话说，"他者"无法被"上帝"替代。这是因为"全能的上帝"不是他者，无非是自我想象的全能化而已。

区分笛卡尔的怀疑与维特根斯坦的怀疑的，并不仅仅是笛卡尔从怀疑走向了怀疑自我的明证性，而维特根斯坦与此相反，从怀疑走向了对自我明证性的否定。比如，笛卡尔认为也许上帝在欺骗自己，而最后却以上帝的存在来证明我思的明证性本身。换句话说，这意味着笛卡尔试图通过"他者"来确保自我的明证性。这里确实隐藏着某种"惊险的跳跃"，笛卡尔主义成立于对此的无视。但是维特根斯坦的怀疑之重要性在于，他绝不把摧毁内在确定性的他者表征为"上帝"（绝对的他者）。这个他者始终是小孩和外国人，也就是说，是相对的他者。而他所引入的，是无法扬弃的非对称性关系，或者与仅在这种非对称关系中出现的相对性他者的关系的绝对性。

这与他在《逻辑哲学论》中所说的"对不可言说的，保持沉默"形成了一个对照。这里的"不可言说"指的是上帝。在《哲学研究》中，他已经不再这样表达了。斯蒂芬·图尔敏以及艾伦·亚尼克指出，维特根斯坦与罗素不同，他一直具有扎根于维也纳文化背景的康德式的问题意识，而罗素向他提供的，不过是新的技术而已。"一旦接受了这样的诊断，那么在调解维特根斯坦思想中'逻辑'性侧面与'伦理'性侧面时就没有任何困难了。如同他后来主张的那样，维特根斯坦著作的关键在于伦理性。他受惠于命题逻辑的，只是形式上的技术。"[1]

但是，《哲学研究》中的维特根斯坦已经放弃了将科学认识、伦理、艺术区分开来的康德式态度。这丝毫不意味着对伦理性课题的放弃。相反，他在语言本身中发现了某个伦理性问题。比如，克里普克就维特根斯坦作如下发言时，显示出维特根斯坦基本上一直抱有克尔

---

[1] Allan Janik and Stephen Toulmin, *Wittgenstein's Vienna*, Simon&Schuster, 1973.

凯郭尔式的关怀。

> 即,用某一词意指某件事,这是不可能的。我们在新的状况下对词语的所有使用,都不是正当化的、有根据的,而是在黑暗中的跳跃。无论当下的什么意图,我们都可作出解释,使之与我们所要做的任何事情相符合。因此既不存在符合,也不存在不符合。(《维特根斯坦论规则和私人语言》)

但我们应该注意,维特根斯坦绝口不提"上帝"。毋庸赘言,"黑暗中的跳跃"与马克思把商品称作"惊险的跳跃"相契合。我们首先应该注意的,是试图从"教"的观点考察哲学的维特根斯坦的"世俗性"。能与之相提并论的,就只有试图从"卖"的观点考察哲学的马克思了。如果这种说法正确,那么他们的"伦理学"也正是存在于此了。

> 最初一看,商品好象是一种很简单很平凡的东西。对商品的分析表明,它却是一种很古怪的东西,充满形而上学的微妙和神学的怪诞。[1]

---

[1] 《资本论》第1卷第1篇第1章第4节,见《马克思恩格斯全集》中文版第23卷第87页,北京:人民出版社,1972。

事实上，我们在克尔凯郭尔的《致命的病症》中也能发现马克思所说的商品的"惊险的跳跃"。比如，克尔凯郭尔把必须基于他者却绝望性地试图成为自己本身的自我称作绝望（致命的病症）的最终形式，这其实等同于卖不掉的商品。在这个意义上，商品本身包含着"神学的"问题。在古典经济学或黑格尔哲学中，不存在交换的危机。商品的价值总是被事后性、前定和谐式地发现的。因此，我们必须承认马克思《资本论》中的黑格尔批判不仅仅是对黑格尔辩证法的颠倒，它与克尔凯郭尔的"质的辩证法"相类似。古典经济学家认为商品是交换价值与使用价值的统合。但是在马克思哲学中，这种统合与克尔凯郭尔把人类看作是有限与无限的统合相类似。因为，要使商品成为实用价值与交换价值的统合，就必须穿越某个"飞跃"。古典经济学与黑格尔是从交换的结果出发而发现了这种统合。

然而重要的是，马克思以及维特根斯坦不同于笛卡尔、克尔凯郭尔，他们非常"世俗性"地谈及这一统合。这丝毫不意味着马克思要把哲学、宗教的问题还原为经济学问题。相反地，马克思在简单的商品中发现了神学的、形而上学的诸问题。如是，要在《资本论》以外找寻马克思本人的"哲学"，那将是徒劳的。或者，反过来要把马克思关于商品的论述归结于"哲学"，也一样徒劳无益。"卖"或者"教"这样的事情并非用来阐明哲学问题的简单事例，哲学家们每天都在他们的职业状态中与之面对，却无法言说。"卖"以及"教"中，体现出了与交流中的他者的非对称性关系。毋宁说，"哲学"一直在取消这种非对称关系之处存在着。

15　作为隐喻的建筑

为了自立，维特根斯坦作了小学教师。同样地，他还从事过建筑工作。1926 年，受姐姐玛格里特·斯通伯罗·维特根斯坦（Margaret Stonborough-Wittgenstein）的委托，他设计了姐姐的房屋。实际上，姐姐是希望借此名目给弟弟以经济上的援助。设计由专家保罗·恩格尔曼进行，其后维特根斯坦也加入其中。但奇怪的是，维特根斯坦把房屋称为"我的建筑"。他拘泥于细节，不允许发生一丝一毫错误的完美主义是一个传奇性的事实。这种缜密性在一定意义上，令人想到《逻辑哲学论》。但是，这里还存在一个决定性不同的因素。因为这个设计基本上是恩格尔曼的东西，而且他还一直参与到了建筑工作的最后。进一步而言，维特根斯坦姐姐的个性十分鲜明，她很强硬地把她的生活方式反映到了设计之中。因此，维特根斯坦把房屋称作"我的建筑"有些怪异。

但是，维特根斯坦把房屋称作"我的建筑"并非为了主张作为"作者"的所有权。恐怕他并不认为一个建筑可以由某一作者来设计。否则,他早就废弃掉恩格尔曼的设计了。建筑本来就受到姐姐的爱好、实际的家庭成员(包括女佣、男仆等)结构、与周围其他建筑的关系等等因素的制约。维特根斯坦的不妥协式完美主义丝毫不意味着他决定、制造了一切。相反,没有人比他更加清楚,这个建筑根本上就是他们之间对话的产物。

越是认为建筑是作为理念的设计的完成物,就离实际的建筑越远。建筑是与顾客的对话、对顾客的说服,是与其他员工的共同作业。即使最初有设计,但在实现过程之中设计会不断改变。用维特根斯坦的话来说,这与边进行边修改规则并最终成型的游戏类似。

> 语言和游戏的类比这时不是为我们投下一道光线吗?我们很可以设想一群人以这样的方式来打球娱乐:他们开始时玩的是各种各样现有的游戏,但有些游戏却不进行到底,而是在中间把球漫无目标地扔到空中,笑着闹着拿球扔这个砸那个,等等。而现在有人说:这些人这段时间一直在玩一种球类游戏,从而是按照某些确定的规则来扔每一个球的。
>
> 我们不是也有"边玩边制订规则"这样的情况吗?而且也有我们边玩边修改规则的情况。[1]

----

[1] 《哲学研究83》第59页,陈嘉映译,上海:上海人民出版社,2001。

任何一位建筑师都无法提前进行预测。建筑不可能离开语境，它是一个事件。如维特根斯坦所说的那样，数学也一样。柏拉图称颂了作为隐喻的建筑，却蔑视现实的建筑师。这是因为实际的建筑或建筑师暴露在偶然性之下。但是这种偶然性并非指与作为理念的设计相比，实际的建筑是次级的或者总是被瓦解的物质性的东西，这种偶然性是指建筑师不与他者（顾客）交流就无法决定设计。建筑师面对的是难如己愿的他者。总之，建筑是交流，而且毋庸赘言，是与没有共有规则者之间的交流。

只有在绝对权力的背景下，建筑师才能避开因与这种相对性的他者遭遇而带来的偶然性。某一类建筑师有可能会梦想这样的背景，但是这本身就证明了其在现实中的不可能性。建筑就是一个事件，是偶然的。我们不应该为了批判柏拉图的隐喻式哲学思考而抬出诗人来，否则就会把人引入另一个"神圣化"。要想批判"作为隐喻的建筑"，我们只需把世俗的建筑作为隐喻即可。

当维特根斯坦针对数学中的形式主义企图或者建筑性企图而提出异议的时候，他所说的是数学的事件性（历史性）。比如在与柏拉图同时代的埃及，因为实践的需要使得圆周率的计算有了很大进步，但柏拉图却说，那不是数学。数学必须是确定的，而且只能通过公理被自动演绎出来。但是，圆周率的数学计算就不是数学吗？如果只有靠同义反复从公理演绎出来的东西才是数学，那么数学就不可能得到发展。还有，这也无法说明形式数学可以应用于自然界的"神秘"事实。比如，如果以为导致数学危机的非欧几里得几何学学者们仅仅通过改变第五公理就抽象地制造出了另一种几何学，那是很幼稚的。那样的话，就无法说明为何它能被爱因斯坦"应用"于相对论理论。数学的基础论忽略了数学为何能适用于自然界这个简单而基本的谜。

仅以简单的思考试验和数学就作出了为后世所证实的各种预测的爱因斯坦说过："我能解释世界，这很神秘。"但是，19世纪后半叶的非欧几里得几何学学者们原本对天文学就感兴趣，他们试图在无视公理主义"基础"的情况下，建立起非欧几里得几何学。在某种意义上，这原本属于"应用数学"，也正因此才具有"适用可能性"。它给试图确保数学"基础"的人们提出了难题，并最终发展为哥德尔的证明。但是，哥德尔的证明并没有使数学成为不可能，它只是让能从公理进行可靠演绎出来的体系变得不可能了，毋宁说这把数学从外部施加的"确定性"的约束中解放了出来。至少对维特根斯坦而言是如此。

进一步而言，实际上18世纪的数学家们把数学当作一种游戏或者手艺。这也与欧几里得以后的数学的确定性无关。实际上，数学从与"确定性"无关之处发展而来。如前所述，维特根斯坦对可从公理体系可靠演绎出来的形式体系进行批判时，引入了没有共同规则的他者。这意味着他引入了无法内化为同一规则的另一个规则体系。

在非欧几里得的基础被"翻译"成欧几里得的基础，然后再被"翻译"成自然数的基础之后，哥德尔的证明才被提出来。维特根斯坦说道：

> 要是一个证明系统等同于另一个证明系统，该怎么办？
> 要有翻译规则，以便能够用它来把一种已证明的命题翻译为另一种已证明的命题。
> 可以想象，某些——甚至全部——现今的数学证明系统已经这样与一个系统，譬如说罗素的系统，相一致。因此所有的证明都可以在这个系统中进行，尽管是以曲折的方式进行。那么就会只有一个系统——不再有多个？但这样就必须可以向一个系统表明：能够把它分解为多个系统。——该系统的一部分将具有三角的性质，另一部分将具有代数的性质，等等。这样就可以说，在这各个部分，会用到各种技术。①

当然，维特根斯坦反对试图通过集合论给数学整体

---

① 《论数学的基础46》，见《维特根斯坦全集》中文版第7卷第123—124页，徐友渔、涂纪亮译，石家庄：河北教育出版社，2003。

建立基础的罗素（们）。比如，根据罗素的观点，1、2、3……可以基础性地换成1，1＋1，（1＋1）＋1……但是如果像罗素那样把84×24换一种写法的话，就会长的不得了，不可能像维特根斯坦所说的"数学证明必须是显而易见的"① 那样"显而易见"。但是如果是十进制的计算，我们就可"显而易见"了。

罗素认为以1，1＋1，（1＋1）＋1……来计算就建立了基础，就是本源。但维特根斯坦认为十进制计算也是"数学的发明"，是证明的体系。"我要说：如果一种不可理解的证明图式通过改变记号而变成可理解的，那么就在原来没有的地方产生了一个证明。"② 因此，不必通过"一般的基础"对其加以证明。"并不是证明之后的什么东西，而是证明本身，在进行证明。"③ 也就是说，新的表现形式或者新的数学证明，其本身造出了新的概念。

  现在，就是可以这样说：如果有人在十进制系统中发明了计算——这就是作出了数学上的发现！——哪怕他已经看过罗素的《数学原理》。④

---

① 《论数学的基础46》，见《维特根斯坦全集》中文版第7卷第96页，徐友渔、涂纪亮译，石家庄：河北教育出版社，2003。
② 《论数学的基础2》，第96页，同上。
③ 《论数学的基础2》，第121页，同上。
④ 《论数学的基础46》，第123页，同上。

> 数学总是形成新的规则，它总是在为交通建造新路，扩展旧的公路网络。①
> 数学家是发明者，不是发现者。②
> 我可以说：数学家一直在发明新的描述形式。③

比如，假设在不同领域、不同语境下出现了相同的定理。此时，维特根斯坦将不会视其为相同的定理，而会认为它们属于不同的规则体系。也就是说，按照他的观点，数学由多个体系构成。"我要说，数学是证明技术的五颜六色的混合——它的多样性的应用和重要性即以此为基础。"④ 可以说维特根斯坦反对的是，把多个规则体系作为一个规则体系来建立基础。但是，数学的多个体系并非完全独立存在，他们之间可以互相翻译（互相转换），只不过它们不拥有共通的一点而已。维特根斯坦把这种"相互之处盘根错节的复杂网络"⑤ 称作"家族相似性"。

---

① 《论数学的基础166》，见《维特根斯坦全集》中文版第7卷第59页，徐友渔、涂纪亮译，石家庄：河北教育出版社，2003。
② 《论数学的基础168》，第60页，同上。
③ 《论数学的基础167》，第60页，同上。
④ 《论数学的基础46》，第123页，同上。
⑤ 《哲学研究》第49页，陈嘉映译，上海：上海人民出版社，2001。

我无意提出所有我们称为语言的东西的共同之处何在，我说的倒是：我们根本不是因为这些现象有一个共同点而用同一个词来称谓所有这些现象——不过它们通过很多不同的方式具有亲缘关系。由于这一亲缘关系或由于这些亲缘关系，我们才能把它们都称为"语言"。①

同样的，被称作"数学"的东西也是无法中心化的多样化体系。当然，维特根斯坦不仅仅是从数学像其他诸科学那样与多样性的"自然"实践性关联的角度，来理解这样的多样性。多样性源自对无法内化的他者的承认。维特根斯坦对形式主义的批判在于形式主义对他者的他者性，换句话说，与他者关系之偶然性的排斥。无法形式化的，是源自他者的偶然性，是连"全能的上帝"也无法预测的偶然性。我们毋宁将其称作"历史"。

---

① 《哲学研究66》第48页，陈嘉映译，上海：上海人民出版社，2001。

16 关于规则

有人说维特根斯坦针对私人语言或唯我论提出了社会性语言优先性的主张。克里普克也这么认为。但对这种直白的说法我们要保持谨慎。确实，维特根斯坦否定唯我论。但是，他所要否定的是具有"证明"形式的共同主观性或对话本身的唯我论。在这里，我想说，所谓唯我论并非唯我一人这样的思想，而是指适合于我则适合于万人这样的思想。因为在后者中，他者最后被内化于自我之内。同时，我想把对话定义为与没有共同规则的他者的对话，或者是停留在非对称关系上的对话。否则，完全以不同的语言游戏展开的讨论会被视为彼此相同。实际上，维特根斯坦本人就发生过这样的情况。

他所提出的"语言游戏"概念就是一个例子。这一概念往往被视为与索绪尔的语言体系（langue）相同。事实上，维特根斯坦与索绪尔一样常以国际象棋作为比喻。通过这一比喻，他首先说明了语言的本质在于与其素材（声音以及文字等）无关的形式内。此外，棋子的"意义"在于移动棋子的规则，它存在于与其他棋子的关系（差异）体系。比如，一旦改变棋子的功能以及配置，则即使用相同的棋子，也会形成另一种游戏。这个比喻揭示出语言是独立于指示对象以及意义的差异形式体系，指示对象以及意义是因为后者而产生的。总之，这就是形式主义。但是，维特根斯坦的语言游戏论，正是为了否定这样的前提而提出的。我们还需注意如下问题。

国际象棋以及游戏的比喻，容易使人认为规则是可以明确表示的。比如文法就被当作语言的规则。但是，说日语的人知道这些文法吗？文法原本是作为学习外语以及古典语言的方法而被发现的。文法不是规则，而是规则性。如果没有文法，则外国人的语言习得会没有效率。但自己说的"语言"既不需要"文法"，也不可能有文法。因此，在近代的民族主义之前，人们做梦也不会想到自己所说的俗语还有文法。

某一语言的规则不是为了操该语言者而是为了学习该语言的"外国人"而想出来的。这意味着，我没有必要知道自己所说的日语的文法，也无从知道。但我却可以指出外国人讲日语时的文法错误，这意味着我"懂"文法。但是我又无法对外国人的错误指出其文法的"根据"，无非是说"我们不这么说"而已。这意味着我"不懂"日语的文法，我只是知道其"用法"而已。

比如，母亲不会教给孩子语言的规则。她只是向孩子说话,在孩子开口说后,纠正其错误或者只是"笑笑"。但是母亲并不知道作为规则的规则,她是在"实践"规则。"我遵从规则时并不选择。我盲目地遵从规则。"① 母亲就是这样来"教"的。

如果说我们能够教给孩子文法,那是因为孩子已经"知道"文法。可以说柏拉图所提出的"美诺悖论"就是指的这个。

> 美诺,我说过你是个小无赖,而现在你又在要求我告诉你为什么我要说没有学习这回事,而只有记忆。②

这里说的是,规则虽有,却无法明示。

但"教"是存在的。如前所述,通过与苏格拉底的对话而证明了几何学定理的少年"已经"被教会了规则。但另一方面,就像柏拉图说的那样,"教"是不存在的。因为,教的人无法明示规则。在规则的教与学中,存在一个无法"理性"解释的某种东西(飞跃)。柏拉图试图以"回忆"说加以解决。他本人非常清楚这是个神话。这种"回忆"说认为每个人在根本上具

---

① 《哲学研究219》第130页,陈嘉映译,上海:上海人民出版社,2001。
② 《柏拉图全集》第1集第507页,王晓明译,北京:人民出版社,2002。

有相同的东西。在近代哲学中,它被翻译成先验性形式以及超越论自我、变形文法等等。不用说,这些都不过是神话的变形,它们都是在现实的"教—学"这一事实之后被想出来的原因。

但对维特根斯坦而言,这样的"事实"是无须更多解释的"自然历史"的事实。

> 人们有时说动物不说话是因为它们缺少心智能力。也就是说:"动物不思想,因此它们不说话。"然而:它们就是不说话而已。或者说得恰当些:它们不使用语言——如果我们不算最原始的语言形式。——命令、询问、讲述、聊天,这些都和吃喝、走路、玩闹一样,属于我们的自然历史。①

这段话表明,我们说话不是因为知道规则,而只是说话而已。说话是一个不可能找到更多根据且不需要根据的"自然历史事实"。比如我们首先学习如何数数。而能够数数,不是因为知道了规则。"计算是一种我们从计算中了解的现象。正如语言是我们从自己的语言中了解的现象。"②

---

① 《哲学研究 25》第 20 页,陈嘉映译,上海:上海人民出版社,2001。
② 《论数学的基础 80》,见《维特根斯坦全集》中文版第 7 卷第 151 页,徐友渔、涂纪亮译,石家庄:河北教育出版社,2003。

顺便提一句，在上面的引文中，维特根斯坦并非说动物没有广义上的语言游戏，而只是说动物是不同游戏规则的"他者"。实际上，在古代社会，外国人的语言时常会被比作动物，反倒是动物被作为他者而受到敬畏。总之，在维特根斯坦所举的例子中，一切都是没有共同规则的他者。

重要的是，正如我已经提到的，为了能够论及某种语言的规则，需要有其他的语言。认为规则可以明示的思想，已经内化了"外国人"的立场。反过来说，这种思想在于我们是否能够站在"外国人"的立场思考。这里的"外国人"是个比喻，即使是同一国家的人们，情况也没有任何不同。因此，认为规则可以明示的思想，可以归结为与内化的他者的对话即自我的对话。

比如，我们认为如果某个人"遵从规则"，就会被共同体接受。就像只要遵从英语的规则，就会被讲英语的共同体接受那样。但是，维特根斯坦把这个命题更改为克里普克所说的"对偶"形式。也就是说，如果某个人不被共同体所接受，则此人被看作"没有遵从规则"。这一小小的变形是划时代的，但绝非容易理解。强调这一点的克里普克也将其并入到了"共同体的先行性"中去。

实际上是这样的。比如，我是否知道某个语言的"意义"，取决于他者（共同体）是否认可了我的语言用法无误。如果有误，他者要么"嘲笑"，要么说"错了"。这时,我就被认为"没有遵从规则"。但这时候,他者也并不能积极地明示规则。他只会说"不对"而已。这意味着规则并不存在于某个能够积极明示的地方。个人性的"不遵从规则"与不能积极明示规则是相同的。维特根斯坦著名的"语言的意义是它的用法"一语,并不是要否定意义,也不是主张以语用论(pragmatics)思考意义,而是说虽然我们本身在实践上知道用法(=规则),却并未在理论上懂得。

> 因此遵从规则是一种实践。以为(自己)在遵从规则并不是遵从规则。因此不可能"私自"遵从规则;否则以为自己在遵从规则就同遵从规则成为一回事了。①

比如,即使我相信自己知道外语的规则,但只要未被他者承认,那么我在实践上就不知道外语。此外,虽然我按照日语的规则说话,但并不明确知道其规则。我"无意识"地遵从着规则。因此,维特根斯坦就遵从规则问题所要反复论述的,是与他者关系的非对称性,或者说是对消解了非对称性的思想的批判。

索绪尔给人以错觉,似乎我们能够知道规则。他与

---

① 《哲学研究 25》第 123 页,陈嘉映译,上海:上海人民出版社,2001。

之前把语言作为客观对象研究的语言学者不同,从"说话的主体"出发。也就是说,他所说的语言(langue)不是像国语那样的制度,而是在主体体验某种意义的范围内使其成为可能的一种形式。但是从主体出发,无法抵达限制他者,并构成主体本身的语言(langue)。

实际上,索绪尔在主张"语言是价值"即不拥有任何积极项的形式关系体系时,是与其他语言作比较(翻译)的。柏拉图也是如此。柏拉图所说的理念是超越了各种语言差异的一般存在的概念。索绪尔知道在两个语言的比较(=翻译)时,总是(即使是双语者)必须站在其中的某一立场上。这种非对称性绝无消解的可能。但是索绪尔又在另一方面将其消解了。之后的结构主义不必赘言,我所称之为"唯我论"的,就是这种消解了非对称性的、从我(=我们)的立场出发的思想。

因此,结构主义语言学从属于现象学式的唯我论。也正因为此,德里达的结构主义批判始于对胡塞尔的批判。比如,德里达指出,现象学中的明证性在于"对自我的显现"即"听—自己—说"。因此,索绪尔所说的"说话主体"指的是"听—自己—说"的主体,已经是自我对话了。在那里,听的主体(他者)被内化于说话的主体之中。

德里达试图在这种"说=听"的自我同一性中寻找一种错位。或者说,他认为正是这种错位才使得主体成为可能。他将其称作"痕迹"或者"延异"(la

16 关于规则 129

différance)。"这种痕迹比现象学的本源更加具有本源性——如果我们假定我们能够毫无矛盾地持有'本源'这个词语，立刻可以对其进行删除。"① 他并不是直接排斥声音中心主义—逻各斯中心主义思想，而是在其基础上揭示出其处于"延异"的遮蔽之下。这种被称作解构主义的姿态与"从内部抨击罗素"的哥德尔相类似。因而，德里达的方法总是带有一种"证明"的形式。他不断地与哲学话语本身所包含的形而上学体系进行对抗，但是，正是"证明"成为柏拉图之后哲学的形而上学的根本。

维特根斯坦排斥了从哲学内部攻击哲学的做法。他从哲学的"外部"进行了抨击。这不是从共同的语言游戏（共同体）的内部出发，而是立足于无法以共同体为前提的地方。只有在那里，我们才能与他者相会。他者与我并非性质相同，因此，也不是黑格尔所说的另一个自我意识。他者对我毫无兴趣。此外，他者不是人类学者所说的异者（=怪物）。那些都不过是自我意识的想象的产物。相反的，我所说的"他者"是随处可见的世俗的他者。

---

① 《哲学研究 25》第 123 页，陈嘉映译，上海：上海人民出版社，2001。

17　社会和共同体

如前所述，维特根斯坦把小孩、外国人作为不共有规则的他者提了出来。这意味着他不只在一个共同体的内部而是在不同的共同体之间观察交流。我把这样的交流（＝交换）称作"社会的"，并与"共同体的"加以区分。

这与社会和共同体的区分不同。比如，滕尼斯区分了共同体（Gemeinschaft）与社会（Gesellschaft）。前者是前近代的有机的农业共同体，后者是市场经济的、原子化了的市民社会。滕尼斯是个马克思主义者，但如今，从共同体（Gemeinschaft）至社会（Gesellschaft）的历史发展图式已与此无关，得到了广泛承认。农业共同体至城市的发展图式也与此相同。如前所述，简·雅各布斯对这种支配性观点进行了批判，并主张正是从"元城市"才产生出了农业。所谓"元城市"，我认为就是"社会性"的交往空间。马克思这样说道：

> 商品交换是在共同体的尽头，在它们与别的共

同体或其成员接触的地方开始的。但是物一旦对外成为商品，由于反作用，它们在共同体内部也成为商品。①

另一方面，我在前面已经谈到，产品交换是在不同的家庭、氏族、公社互相接触的地方产生的，因为在文化的初期，以独立资格互相接触的不是个人，而是家庭、氏族等等。不同的公社在各自的自然环境中，找到不同的生产资料和不同的生活资料。因此，它们的生产方式、生活方式和产品，也就各不相同。这种自然的差别，在公社互相接触时引起了产品的互相交换，从而使这些产品逐渐变成商品。交换没有造成生产领域之间的差别，而是使不同的生产领域发生关系，并把它们变成社会总生产的多少互相依赖的部门。②

马克思似乎在此历史性地（从起源上）论述了交换与货币的产生。但是他把这一论述放在"价值形式论"之后，也就是说，马克思所说的并不一定是历史学性质的问题。实际上，以上观点也适用于旧石器时代，在一定意义上也适用于当今。

---

① 《资本论》第1卷第1篇第2章，《马克思恩格斯全集》中文版第23卷第106页，北京：人民出版社，1972。
② 《资本论》第1卷第1篇第2章，《马克思恩格斯全集》中文版第23卷第390页，北京：人民出版社，1972。

比如，在世界各地都发现了具有一定技术水平的石器，这说明石器在广泛范围内进行了交换。即使是在旧石器时代，也存在着这种交易的"社会性"空间。此外，即使是今天，依然不存在家庭内的商品经济。家庭内的交换基于赠与回礼的互酬制。无论商品经济如何渗透，这种互酬的经济都不可能消失。交换在这样的共同体之外发生。另一方面，在近代国家中，财富通过国家课税以及福利政策进行再分配，它使人们成为国家这个"想象的共同体"的成员。Nation-State，在这个意义上，具有共同体性质。

因此，社会性与共同体性的区别并非历史阶段的问题，也不是规模的问题。我们可以这样定义所谓的"共同体"：无论其规模如何，它是被封闭在一定的规则体系、价值体系内的空间。比如，村落以及种族、国家、西方等，都是共同体。不仅如此，我在后面还会谈到，"自我"也是一种共同体。

对此，马克思把不具有共同规则的共同体之间的交换称作"社会性质"的。比如，他这样说道：

> 可见，商品形式的奥秘不过在于：商品形式在人们面前把人们本身劳动的社会性质反映成劳动产品本身的物的性质，反映成这些物的天然的社会属性，从而把生产者同总劳动的社会关系反映成存在

于生产者之外的物与物之间的社会关系。①

商品世界的这种拜物教性质,像以上分析已经表明的,是来源于生产商品的劳动所特有的社会性质。②

但是,这里所说的"劳动的社会性质"必须是"生产商品的劳动所特有的社会性质"。这是因为,在共同体内部的劳动不具有这样的"社会性质"。它不是劳动的一般特性,而是商品交换赋予劳动的特性。因此,这一"社会性质"不是在劳动中,而必须是在商品交换即共同体与共同体"之间"所进行的交换中发现。

比如,某个商品与货币交换后,又可用该货币购买其他商品。换句话说,所有商品都可以通约(按照一定比率)。这是为什么?古典经济学认为这是因为任何商品都具有"共同的本质",即包含着人类的劳动。但实际上正好相反,它们是因为交换,才具有"共同的本质"。所以,如果我用书的版税购买橙子,那么我的所谓精神劳动就与生产橙子的佛罗里达的某处农民的体力劳动通约起来。但是,它们所以成为共同的"人类劳

---

① 《资本论》第1卷第1篇第1章第4节,《马克思恩格斯全集》中文版第23卷第88—89页,北京:人民出版社,1972。
② 《资本论》第1卷第1篇第1章第4节,《马克思恩格斯全集》中文版第23卷第89页,北京:人民出版社,1972。

动",仅仅是被通约的一个结果而已。我们通过买卖与全世界的人们相联系,却不"知道"这件事情。也就是说,"社会性质"的东西包含有某种无法避免的无知(无意识)。马克思几乎在所有场合都在这个意义上使用"社会性质"一词。马克思就此说道:

> 可见,人们使他们的劳动产品彼此当作价值发生关系,不是因为在他们看来这些物只是同种的人类劳动的物质外壳。恰恰相反,他们在交换中使他们的各种产品作为价值彼此相等,也就使他们的各种劳动作为人类劳动而彼此相等。他们没有意识到这一点,但是他们这样作了。价值没有在额上写明它是什么。不仅如此,价值还把每个劳动产品变成社会的象形文字。后来,人们竭力要猜出这种象形文字的涵义,要了解他们自己的社会产品的秘密,因为使用物品当作价值,正象语言一样,是人们的社会产物。后来科学发现,劳动产品作为价值,只是生产它们时所耗费的人类劳动的物的表现,这一发现在人类发展史上划了一个时代,但它决没有消除劳动的社会性质的物的外观。①

---

① 《资本论》第1卷第1篇第1章第4节,《马克思恩格斯全集》中文版第23卷第90—91页,北京:人民出版社,1972。

社会性质的交换规则即使是事后成立的,也会不断变更,它是个"没有禁止规则变更的游戏"(维特根斯坦),它总是包含有偶然性的"飞跃"。用马克思曾经说过的话来说,"社会性质"的交换(=交流)就是"交往"(《德意志意识形态》)。这是一个无法透视整体的多样化的体系。

18　语言学转向与我思

认为从意识转向语言，即通过所谓的语言学转向（linguistic turn）就破除了"唯我论"，是错误的。那是向另一种"唯我论"的回归。比如，人们对希望把知识的确定性建立在自我主体的明证性上的笛卡尔进行了批判。但是，从沉思出发并非始自笛卡尔，而是苏格拉底以后的哲学大都如此。如果说沉思是自我对话、唯我论的，那么哲学本身就是唯我论的。毋宁说，笛卡尔所说的我思打破了这样的自我对话，或者说打破了我与我们之间的连线。

笛卡尔所以诉诸意识，正是因为之前的哲学依赖于语言（文法）。这样的哲学基于欧洲语言的共同性。人们所认定的确定性，无非是因为遵从了这一共同体的习惯即这一共同体的规则而已。在这种共同体与共同体之间（差异）的地方存在的，正是"我思故我在"（cogito ergo sum）。《谈谈方法》以批判过笛卡尔的列维–斯特劳斯所谓"人类学者"的视点写成。笛卡尔非但没有从内在过程的确定性出发，反而指出了那种确定性不过是共同体中的一个"梦境",而且他试图超越这些梦幻,建立起"普遍性"的理论基础。

毋庸赘言,笛卡尔并未停步在"我思"的明证性上。正如他所说,这一"我思"就是他本人,而不能保证也适用于别人。而且他知道别人的同意丝毫不能保证确定性。或者说,他否定了把"对话"作为真理保证的思想。如果说在历来的沉思中,自我是一个默认的一般性自我或特殊性自我,那么笛卡尔的"我思"则是偏离了这一路线的单独的"singular"。因此,他需要上帝的保证。然而,从"我思"出发证明上帝的存在是个悖论。它只能是个循环论。如前所述,如果是克尔凯郭尔,他可能将其称作"飞跃"(质的辩证法)。总之,针对特殊性——一般性这一路线,笛卡尔引入了单独性—普遍性的路线。

但之后的哲学家无视这一点。对康德而言,"我思"是一个适用于万众的先天的空虚形式。也就是说,每一个主观都是一般性超越论主观的特殊存在。黑格尔把这样的主观称为"精神",而把自己的超越论现象学称作"新笛卡尔主义"的胡塞尔则试图使笛卡尔的意图更为彻底化。因为他并没有像康德那样设置主观(=一般性主观)这样的前提,而是在单独的"我思"基础上进行思考。他称其为"方法论的唯我论"。胡塞尔由此建构出他者(他我),并试图构建共同主观性(即客观性),但那样的他我绝非他者,最终只是自我的"自我移入"即"自我变形态"而已。即使在对胡塞尔进行了批评并将思考主体转移到"存在"的海德格尔思想中，也不存在他者。他以为提出"共同存在"（Mitsein）就消解了胡塞尔的他我问题，但那只是一个排除了他者的共同体（=纳粹）而已。换句话说，这样的思想最终又返回到特殊性——一般性的路线中去了。因为在单独性—普遍性的路线中，总是伴随着某个"飞越"。

可以说维特根斯坦想要切断的，是特殊性——一般性这样的路线。比如，在这里我们不妨重温一下"维特根斯坦的建筑"。如果我们可以用"维特根斯坦的建筑"这种固有名称来称呼该建筑，那么这并非因为它是"作者"维特根斯坦的表现物，也并非因为它是世间独一无二的东西，而仅仅由于它是个事件，一个可能成为那样、但实际上是这样的单独的事件。针对将固有名称还原为确定摹状词集合的罗素，克里普克提出模态逻辑学对其进行了反驳（《命名与必然性》）。因为篇幅关系，在此无法详述，简而言之，可以说维特根斯坦不是罗素那样的摹状词论者，而是克里普克那样的反摹状词论者。

摹状词论者把某一个体还原为性质或者集合的集合。不用多说，那就是特殊性——一般性路线的观点。结构主义也是如此，它把文本还原为变换规则的集合。但是，为什么我们把某种文本冠以作者的名字？那并非出于浪漫的"作者"观念。只要存在某种无法还原为结构的东西，也只有在这样的时候，我们就只能给这种东西冠之以固有名称。摹状词理论者的观点所以占据支配地位，是因为它与试图在一般性或法则中观察个体的科学志向相吻合。一般而言，具有固有名称的历史就是故事。但实际上，缺少固有名称的历史就不可能成为历史。在某种意义上，即使自然科学也是自然史，也就是说它属于虽然可以成为其他却成了如此这般的"这个"自然史，除了"熵"法则外不存在其他超越它的一般法则。从这一观点来看，宇宙、银河、地球都是固有名称。

此外，从可能世界（possible world）的观点反驳了罗素之见解的克里普克指出：在共同体内，命名仪式（baptism）先行于固有名称。但是，正如前面所述，这一观点中缺少共同体与社会的区分。比如，语言学者把固有名称从语言考察中排除掉。这并不只是因为固有名称会强化语言与事物相关联的幻想。因为固有名称不能翻译成别的语言，所以无法被清晰地内化为任何一种"语言"。而无法被内化为任何一种语言（共同体）则意味着它是"社会的"。固有名称包含无法内化为自我或共同体的他者性及偶然性。这只要观察一下克里普克所指出的、命名者与接受命名者之间的交流关系就可明白。那是"教—学"的关系，规则未被共有。正是在语言学者们所排斥的固有名称中，显露出交往的"社会性"。

个体的单独性（不是特殊性）以固有名称表达。这是因为它无法被还原为任何一个集合（一般性）束。但是，单独性与资产阶级的个人主义毫不相干。相反地，单独性与它的社会性存在方式，也就是说存在于共同体"之间"的特性紧密相连。笛卡尔的怀疑始自于此，不久就被封闭到共同体中去了。单纯从通过语言的理解来否定建立于此的笛卡尔主义，是无济于事的。

批判笛卡尔者搬出了语言，也搬出了对话。前者说道：首先存在任意的形式（能指），然后从它派生出主体与对象，或者内在意义与指示对象。不用说，这不仅仅是由语言学以及精神分析而产生的认识，而且是"形式主义"的一般性认识。把后期维特根斯坦归入这种思想有失偏颇。这是因为，维特根斯坦试图对自己身在其中的"形式主义"进行批判。对他而言，"语言学转向"已经没有任何意义。因为这是初期的《逻辑哲学论》的工作，后期的工作正是对此进行的批判。

而另一些人针对笛卡尔的哲学提出了"对话"。比如尼古拉斯·雷舍尔批判了"笛卡尔以来近代认识论的自我中心视点"，说道：

> 总之，怀疑主义者是作为不愿遵从支配着基于确定方针的理性审议处理之证据上的根本规则者，而出现的。无论出于如何的好意，抛弃这种标准而选择被个人化了的探寻标准，都会降格为私人手

段的使用,并从理性的推进者的共同体中掉队,仅此一点就意味着放弃了理性的企图。(《对话的逻辑》)

但是,如前所述,雷舍尔以及哈贝马斯所说的"对话"以及"公共理性"只要是在共有规则者(西方)之内,就不可能是对话(dialogic),最终它将排斥他者(非西方)。维特根斯坦的私人语言批判必须从这一角度加以解读。针对意识而搬出语言,针对自我而搬出共同体,这并非划时代的转向。

在这里,我们不妨再来思考一下笛卡尔的上帝证明。因为它还包括传统的存在论证明,故众说纷纭而容易混淆,但重要的是如下证明:我怀疑是因为我不完美并且有限,这就是完美而无限的他者(上帝)存在的证据(证明)。其实,这不是"证明"。斯宾诺莎注释道:笛卡尔的"我思故我在"指的是"我在进行思维",并不是证明(三段论)。同样地,笛卡尔的上帝存在证明也不是"证明"。他想要说的是:在诸共同体的外部作为单独者进行怀疑,即使没有任何根据,也肯定有某种东西促使自己这样做,正是因为存在着某种东西,才会怀疑。具体而言,他是说存在着另一个共同体或具有别的规则的他者这样一个事实。

对笛卡尔而言,所谓"精神"不仅仅是"思维",而是对"思维"单纯遵从共同体的规则这样的事情进行"怀疑",即它是相对于共同体的外部的实存。但是,笛卡尔本人未能贯彻这一点。在笛卡尔主义中,其外部被内化了。也就是说,思维被当作了精神。同时,缠绕着笛卡尔的怀疑的他者性、差异性被消解掉了。可以说,试图贯彻笛卡尔立场的反倒是最初的笛卡尔批判者斯宾诺莎。对他来说,上帝就是世界。笛卡尔的"自由意志"以及"上帝"非但未能超越"世界",反而只是在世界中产生的表象而已。但是,这样的斯宾诺莎是一个并不愿归属于任何一个共同体的、单独的"我思",一个外部的实存。单独性就是所谓的"社会性"。

认为我们的思维从属于某个范式,这种立场只有在将其作为另一个"我思"即作为外部的实存时才有可能。保尔·瓦雷里指出,所谓我思就是笛卡尔。这句话的意思是:笛卡尔的单独性与适用于万人的个体以及自我毫无关联。相反而言,我们可以把米歇尔·福柯称作另一个"我思"。但是,一旦福柯的主张被人接受,那么就会发生与笛卡尔主义相同的情况。人们都模仿福柯,但又不像福柯那样作为外部的实存,轻而易举地对笛卡尔主义进行批判。这正是当今占统治地位的话语。语言以及共同体的先行性,如今已经只是个制度而已。

19 卖

可以说，教和学都不存在这一美诺悖论，反而揭示出所有的交往都暗自基于"教—学"关系这一根本的事态。在柏拉图的"对话"中，毫无疑问苏格拉底总是充当教师。尽管如此，他还是否定了自己是一名教师。也就是说，这里的"教—学"非对称关系被替换成"共同探讨"的对称关系。在这种关系中，人们不是学习，而是"回忆"。但是，关于"回忆"问题，我们有必要参照一下弗洛伊德的精神分析。因为精神分析的治疗也是通过"对话"进行的"回忆"。在一定意义上，分析者与苏格拉底相似。精神分析主张分析者不教任何东西，仅仅帮助患者进行回忆，而这种"共同探讨"是通过患者对医生的移情作用（＝同一化）来进行的。

但精神分析与柏拉图存在着根本的差异。比如，弗洛伊德的治疗在祛除患者的移情后即告结束。与柏拉图最终的爱欲合一相比，弗洛伊德保持着医生与患者的非对称关系。而且重要的是，对弗洛伊德而言，"无意识"只有在与他者的这种非对称关系中才能存在。比如，无意识并非存在于本人，也并非存在于医生，而是存在于医生与患者的关系之中。即无意识仅仅存在于患者对医生语言的"否定（抵抗）"之中。弗洛伊德的"知"一旦离开与他者的关系就总是无法存在。这与现象学的（沉思）主张完全不同。弗洛伊德甚至还思考了既不"移情"因此也不"抵抗"的"不感兴趣"的他者。

> 我曾允许你们，说将借助于移情作用，来解释我们对自恋神经病为什么不能收治疗之效的原因。
> ……经验证明：自恋的神经病人没有移情的能力，就是有，也是具体而微。他们离开医生，不是由于敌视，而是由于不感兴趣。所以，他们不受医生的影响；医生说的话他只是冷淡对待，没有印象，因此，对他人可以收效的治疗，如起于压抑的致病冲突的重复引起以及对抗力的克服，对他们却都不生效力。他们总是故步自封，常自动地作恢复健康的企图，而引起病态的结果，我们只是爱莫能助……它们因为没有移情作用，所以不能受我们治疗的影响。[1]

---

[1] 《精神分析引论》第 27 讲第 361—362 页，高觉敷译，北京：商务印书馆，1986。

弗洛伊德在这里承认精神分析的无能为力与局限。但是，这并不仅仅意味着无能为力。它意味着，与许多通过"移情作用"或对称的关系来开展的精神医学相比，精神分析坚持存在无法收敛为自我的"他者"这样一种认识。这是对认定他者与自我之间存在着对称关系的思想整体的一个批判。精神分析的"知"一旦离开这种"对话"关系就不会存在。它不是一个被理论化后就适用于万众的东西。因此，就像卡尔·波普尔所说的那样，精神分析不被视为科学。但这是因为精神分析对作为波普他们的科学根据的"对话"本身提出了质疑。

而有意思的是，弗洛伊德认为治疗过程中向患者收取高额报酬是不可或缺的。这是因为要让通过移情作用而把与医生的关系看作是爱的关系的患者时刻"回忆"起这是一次买卖。虽然令人遗憾，但是对医生而言，患者仅仅把医生看作医生而形同路人时，治疗才会有效。这与苏格拉底不像智者那样收取报酬这一事实形成了对照。作为智者一员的苏格拉底正是把教当作无偿行为而消解了"教—学"关系的非对称性。相反，弗洛伊德为了恢复非对称性而要求报酬。

但是，报酬并不只是治疗的一环。精神分析医生提供了自己的劳动而获得报酬，并不是收取报酬患者就能治愈，而是如果患者治愈，就能获得报酬。这一点被弃置不顾令人不可思议。弗洛伊德对他的弟子采取了与苏格拉底同样的态度。简单地说，对弟子的教育分析，他不收取报酬。因此，它必定会形成一种爱欲"同一化"的秘密结社式的团体。

但是，这种治疗劳动与货币交换（=通约）之间，有什么根据吗？正如马克思所说，没有根据。"我们没有意识到这一点，但是这么做了。"这种"无意识"不在精神分析框架之内。因此，我认为不应该像拉康派那样去解释马克思的"价值形式"论。卖—买这一关系的非对称性与任何学问以及艺术、宗教相随。蔑视这种"世俗性"的思想都必定归结到形而上学。比如克尔凯郭尔在晚年的《日记》中，为自己的著作畅销而获得版税感到吃惊。这种"吃惊"隐含着与他的著作中所写问题相匹敌的问题。他在"无意识"之间，与相对性他者有了关联。但是在遗产耗尽之时去世的克尔凯郭尔，丝毫不愿思考这一点。

比如对亚里士多德来说，很明显，任何商品都没有共同的内在价值，因此交换就不存在理性的根据，交换（通约）仅仅是"应付实际需要的手段"。正如马克思所称赞的那样，亚里士多德发现了古典经济学家没有发现的"价值形式"。"首先，亚里士多德清楚地指出，商品的货币形式不过是简单价值形式———种商品的价值通过任何另一种商品来表现——的进一步发展的形态。"[①] 但

---

① 《资本论》第 1 卷第 1 篇第 1 章第 1 节，见《马克思恩格斯全集》中文版第 23 卷第 74 页，北京：人民出版社，1972。

亚里士多德所以能这么说,是因为他蔑视商业。对他而言,只有哲学才能发现同一本质(理念)。这个同一性就如同柏拉图的一样,只是基于"同一性"而已。柏拉图说过"不存在教",古典经济学则在另一层面再度重复。商品所以能被交换是因为它们包含"共同的本质",因此商品的交换即使以货币作为媒介,最终也只是等价物的交换。因此,也不存在"卖"。

但是,卖与买是根本不同的。比如,马克思如下表示了简单的价值形式:

20 码麻布 = 1 件上衣
(相对价值形式)(等价形式)

这个等式表示的是,20 码麻布本身不存在价值,只有在与 1 件上衣通约之后,才首次以其自然形式表现出价值。此外,1 件上衣总是处于可与前者交换的位置。马克思所说的商品拜物教的秘密就在于这个等价形式之中。等价形式让人觉得似乎 1 件上衣中包含了其本身的价值。"一个商品的等价形式就是它能与另一个商品直接交换的形式。"[1] 换句话说,相对价值形式是"卖"的立场,而等价形式就是"买"的立场。即,简单价值形式是卖—买这一非对称关系的凝缩物。"相对价值形式和等价形式是同一价值表现的互相依赖、互为

---

[1] 《资本论》第 1 卷第 1 篇第 1 章第 1 节,见《马克思恩格斯全集》中文版第 23 卷第 70 页,同上。

条件、不可分离的两个要素，同时又是同一价值的互相排斥、互相对立的两端即两极。"①

当然，在这个简单等式中，1件上衣并不总是等价形式。因为20码麻布也可以是等价形式。

> 诚然，20码麻布＝1件上衣，或20码麻布值1件上衣，这种表现也包含着相反的关系：1件上衣＝20码麻布，或1件上衣值20码麻布。但是，要相对地表现上衣的价值，我就必须把等式倒过来，而一旦我这样做，成为等价物的就是麻布，而不是上衣了。可见，同一个商品在同一个价值表现中，不能同时具有这两种形式。不仅如此，这两种形式是作为两极互相排斥的。
>
> 一个商品究竟是处于相对价值形式，还是处于与之对立的等价形式，完全取决于它当时在价值表现中所处的地位，就是说，取决于它是价值被表现的商品，还是表现价值的商品。②

在这个形态中，哪个都可以处在等价形态的位置。换句话说，这意味着每一个商品的所有者都想回避

---

① 《资本论》第1卷第1篇第1章第1节，见《马克思恩格斯全集》中文版第23卷第62页，北京：人民出版社，1972。

② 《资本论》第1卷第1篇第1章第1节，见《马克思恩格斯全集》中文版第23卷第63页，北京：人民出版社，1972。

"卖"的立场而站在"买"的立场上。此后，马克思就唯一商品排他性地处在等价形态，其他所有商品都处在相对价值形式上的一般价值形式的"发展"过程，进行了逻辑性的展开。我们无法在这里重现这一展开，但是这一论述看上去类似黑格尔的"发展"，但实际上正好相反，马克思"谱系学"式地追溯到被更加发达的形式所掩盖的简单价值形式。

> 从这里就产生了等价形式的谜的形式，这种性质只是在等价形式以货币这种完成的形态出现在政治经济学家的面前的时候，才为他的资产阶级的短浅的眼光所注意。这时他用不太耀眼的商品代替金银，并以一再满足的心情反复列举各种曾经充当过商品等价物的普通商品，企图以此来说明金银的神秘性质。他没有料到，最简单的价值形式，如 20 码麻布 = 1 件上衣，就已经提出了等价形式的谜让人们去解决。①

简单价值形式教给我们如下事情：第一，某一东西成为等价形式并不在于这一东西的性质。比如黄金成为一般等价物或货币，并非因为它是黄金，而是因为它处

---

① 《资本论》第 1 卷第 1 章第 4 节，《马克思恩格斯全集》中文版第 23 卷第 72 页，北京：人民出版社，1972。

于一般等价物形式或货币形式上。货币主义者认为黄金成为货币的秘密在于黄金的特性。但黄金所以特别,只不过是因为它排他性地处在货币形式的位置上而已。"货币拜物教的谜就是商品拜物教的谜,只不过变得明显了、耀眼了。"①

货币的拜物教性质最显著地显露在货币主义者那里。但是,对这些货币主义者的幻想进行批判不是马克思的课题。因为,他们已经受到了古典经济学家的嘲笑。对古典经济学家而言,"货币的魔术"已经消失。货币不过是显示商品内在价值(劳动时间)的尺度,或者流通的手段而已。因此,对他们来说,最受重视的是财富的生产。而且他们把市场经济视为人们相互交换财富的地方。但是,他们忽略了比起获得财富的欲望来,资本的运动更加重视随时获得财富的权利,即贮藏货币的本能。这也意味着他们忽略了作为自我增殖之货币的资本的"秘密",即资本主义的根本动力。进而,这还意味着他们忽略了处于买的立场的资本和只有劳动力商品可卖的工资劳动者之间的非对称关系,以及资本在 G—W—G′的自我增殖运动过程中,总有一天要站在"卖"的立场上的"危机"。

---

① 《资本论》第1卷第1篇第1章第4节,见《马克思恩格斯全集》中文版第23卷第111页,同上。

20　商人资本

很明显，马克思的逻辑框架建立在古典经济学的基础上。但如果只从这一部分阅读的话，无论我们如何善意，都只能说它仅仅是古典经济学的一个支流。值得注意的是，在经济学的"批判"中，马克思使以往经济学（重商主义、货币主义）所拥有的问题得以重现出来。

> 货币主义的幻觉是从哪里来的？是由于货币主义没有看出：金银作为货币代表一种社会生产关系，不过采取了一种具有奇特的社会属性的自然物的形式。而蔑视货币主义的现代经济学，一当它考察资本，它的拜物教不是也很明显吗？认为地租是由土地而不是由社会产生的重农主义幻觉，又破灭了多久呢？[1]

---

[1]《资本论》第1卷第1章第4节，《马克思恩格斯全集》中文版第23卷第99—100页，北京：人民出版社，1972。

如上所述，马克思并没有简单地蔑视货币主义的幻想。比如，在古典经济学时代周期性发生的恐慌中，人们抛弃商品而追捧货币，这不是"幻想"，而是事实。古典经济学者仅仅把这样的现实当作事故，甚至嘲笑追捧货币者的"幻想"，这是对现实的无视。人们所以追捧货币，因为它是一个具有与一切东西"直接交换可能性"的一般等价物。

在古典经济学中，货币被忽视了。这与古典经济学家们否定此前的重商主义（货币主义），把产业资本主义视为与商人资本主义性质迥异的东西相对应。按照他们的观点，商品的价值是凝缩在对象中的人类劳动，并受到社会性"劳动时间"的规定。因此，产业资本主义中的交易为等价交换，从中获得的利润是通过分工、合作等生产力的提升而带来的。这与通过低买高卖的差价来获得利润的商人资本不同。

马克斯·韦伯也区分了商人资本与产业资本，强调说产业资本中的勤勉劳动与理智具有划时代意义。当然，产业资本不同于商人资本，这是不言自明的。但是，过分强调这一差异，会忽视资本主义本身的本性。著有《资本论》的马克思所具有的划时代意义，就在于他试图从商人资本来考察资本。也就是说，他在 G—W—G′（G + △G′）之商人资本的自我增殖运动过程中，发现了资本的一般公式。

正如马克思所说的那样，商人资本发生在共同体与共同体"之间",是从这些价值体系的差异中获得差额。但是,并不能说商人资本低买高卖所获得的利润就是欺诈性的不等价交换。因为自然所赋予的条件不同,共同体的生产物之价值体系也不可避免地发生不同。这时,商人以某一地域的价格购入某一物品,并拿到价格较高的地域去销售,买和卖都被看作是双方同意基础上的等价交换。此外,产业资本也是通过不同价格体系之间的交换所带来的差额获得利润(剩余价值)。不过,与商人资本通过不同价值体系的差异而获得空间性剩余价值有所不同的是,产业资本通过技术革新导致价格体系的差异化,从而获得时间性剩余价值。这就会强制产业资本主义不断地进行技术革新。尽管如此,这也并不意味着产业资本就排除了像商人资本那样从空间差异中获得利润。剩余价值从哪里获得,那是无所谓的。

在此,我们应该思考的,不是资本的自我增殖如何成为可能,而是为什么资本主义的运动必须无止境地持续下去。这不在于由于人类的物质欲望无穷无尽。推动资本主义经济的,不是人类对物或者使用价值的欲望。马克斯·韦伯在产业资本的源头上看到了世俗性的禁欲。但是,在商人资本主义的源头中也存在着对使用价值的放弃。

马克思在商人资本主义的源头中发现了守财奴。拥有货币,就拥有在任何时候任何地方可与任何物品直接交换的"社会质权"。所谓守财奴(货币贮藏者),就是对为了这个"权利"而放弃了实际使用价值的人的称呼。讽刺的是，守财奴在物质上是没有欲望的，就像为了"藏宝于天国"而在人世间无欲无求的信徒那样。守财奴具有类似于宗教性倒错的东西。事实上，货币贮藏和世界宗教都是在流通具有一定的世界性——形成于各共同体"之间"，最终被内化至各共同体之内——的时候，才出现的。如果要在宗教性倒错中寻找崇高，那么同样也应该在守财奴身上寻找。如果在守财奴身上发现卑劣情性（ressentiment），那么同样也应该在宗教性倒错中发现。贮藏货币的"动机"并不在于对物（使用价值）的欲望——无论是否以他人的欲望为媒介。我们只能说试图从心理上或者生理上寻找这个动机的企图，比所有守财奴都更卑劣。因为，守财奴的动机中隐含着宗教性的问题。

守财奴（货币贮藏者）的储蓄与资本家的储蓄其表现有一点不同。货币贮藏者"多卖少买"，不断从流通过程中掉队，与此相反，资本家却必须积极地投入G—W—G′这个难以实现的运动中去。

> 因此，绝不能把使用价值看作资本家的直接目的。这种绝对的致富欲，这种价值追逐狂，是资本家和货币贮藏者所共有的，不过货币贮藏者是发狂的资本家，资本家是理智的货币贮藏者。货币贮藏者竭力把货币从流通中拯救出来，以谋求价值的无

休止的增殖，而精明的资本家不断把货币重新投入流通，却达到了这一目的。①

总之，资本主义的动力是一种宁愿放弃消费也要获得交换的权利，即货币的本能。再用另外一个词，那就是货币的拜物教。所谓货币的拜物教，就是通过放弃使用价值的消费（愉悦）来获得更大的愉悦。值得注意的是，一般来说，储蓄是由于货币拜物教而发生的。在历史上，储蓄只是作为货币的储蓄才得以开始。这不是因为物的储蓄存在着技术上的界限。在货币经济之外的任何一个"共同体"内都不可能存在为了自我目的的储蓄欲望。相反的，像巴塔耶指出的那样，剩余生产物会被浪费殆尽。储蓄不但不基于需要与欲望，而是扎根于正相反的一种倒错（拜物教）。正是储蓄本能以及资本的运动，反而刺激起我们超出必需的需要和过剩的欲望。

---

① 《资本论》第1卷第2篇第4章第1节，《马克思恩格斯全集》中文版第23卷第175页，北京：人民出版社，1972。

21　信用

　　某种"作为隐喻的建筑"依然在马克思主义中发挥着强大的功能。就是说，唯物史观亦同样基于这样的意象：经济基础之上有国家、法律、哲学、艺术等意识形态之上层建筑。确实，马克思提出过这样的隐喻。但这本来是恩格斯在《德意志意识形态》时期率先提出的观点，这种认识并不特别需要提到马克思。所谓唯物史观，不过是由于产业资本主义的发展而成为可能的一种历史观点而已。马克思本人这样说道："人体解剖对于猴体解剖是一把钥匙"①，而不是相反。也就是说，根据唯物史观，它无法理解使其成为可能的当下的资本主义经济。要解开由货币以及信用编织而成的世界之谜，更多的其他"建筑方法"（architectonic）不可或缺。马克思在《资本论》中所揭示的正是这一点。

　　我已经指出资本的运动扎根于某种倒错。这种倒错

---

① 《政治经济学批判》导言，《马克思恩格斯全集》中文版第12卷第756页，北京：人民出版社，1962。

指的就是试图回避卖的立场而停留在买的立场上的本能。但是这种倒错得以完成，是在信用制度确立之时。资本的运动 G—W—G′ 最后必须经过 W—G′（卖）这一"惊险的跳跃"。一旦失败，则会以仅剩下 G—W′ 即货币的状态告终。当前试图避免这一危险的正是"信用"。用马克思的话来讲，就是使卖"观念上先行"，也就是暂且先当作"已经卖出"，但不实际支付货币，通过发行汇票（note），尔后再进行抵销、决算。

马克思说过，信用制度是随着流通的扩大而"自然成长"起来，并且又扩大了流通。信用制度使得资本的运动周转加速且永久化。因为资本无须等待 G—W—G′ 过程的终结，所以可以进行新的投资。同时，这一运动无法在中途停止，所以会永久化。

不用多说，银行券（banknote）就是从这种商业汇票发展而来的信用货币。自从实行中央银行垄断纸币发行制度以来，银行券的信用似乎受到国家的支持，但其实不然。信用不是在一个国家或者共同体之内，而是在它们之间即"社会性"关系中形成的。任何一个国家权力都不能形成这样的信用体系。国家权力只能给予这一信用体系以法律承认的形式。

信用的本质基本上在于回避"卖"的危机，也就是把现在的危机推迟到将来。这是因为将来必须要通过货币进行决算。而这种时间上的推迟会使资本的运动 G—W—G′ 转化为强制性的运动。在信用制度之下，

"卖"的危机得以回避。但是，它只不过是被转变为决算的危机而已。不仅如此，在信用制度之下，资本的运动不再是为了储蓄，而是为了决算，或者说是为了无限地推迟决算而进行。也就是说，正是从这时候开始，资本的运动真正超越了每个资本家的"意志"，成了对资本家的强制性运动。

促进资本的自我运动并使卖的危机减速的"信用"，强制资本无限地运动。从总体来看，资本的自我运动就像不停的自行车轮，必须为无限推迟决算而存续下去。前面我说过，资本为了确保差额（剩余价值）必须不断地进行差异化，这意味着技术革新依靠的并非进步之意识形态，相反，进步之意识形态不过是资本运动的结果而已。但在信用制度之下，技术革新已经不是为了获得利润，而是为了决算才不得不进行的。作为不断进行差异化的资本主义所具有的时间性，并非朝向未来前进，而是为了不断地把决算推向未来。

当然，"决算"的时刻有时会骤然出现。那就是经济危机。危机只有在信用制度得以充分发展之时才会出现。但是，信用不仅仅是幻想也不是意识形态。值得注意的是，就算货币经济形成了一个巨大的幻想体系这种说法无误，当这个幻想破灭之际，人们发现的"现实之物"也不是自然物，而是货币。

这种货币危机只有在一个接一个的支付的锁链

和抵销支付的人为制度获得充分发展的地方，才会发生。当这一机构整个被打乱的时候，不问其原因如何，货币就会突然直接地从计算货币的纯粹观念形态变成坚硬的货币。这时，它是不能由平凡的商品来代替的。商品的使用价值变得毫无价值，而商品的价值在它自己的价值形式面前消失了。昨天，资产者还被繁荣所陶醉，怀着启蒙的骄傲，宣称货币是空虚的幻想。只有商品才是货币。今天，他们在世界市场上到处叫嚷：只有货币才是商品！象鹿渴求清水一样，他们的灵魂渴求货币这唯一的财富。在危机时期，商品和他的价值形态（货币）之间的对立发展成绝对矛盾。因此，货币的表现形式在这里也是无关紧要的。不管是用金支付，还是用银行券这样的信用货币支付，货币荒都是一样的。①

也就是说，在危机中，人们所依赖的不是商品的物质形态，而是它的"可直接交换性"（等价形式）也即货币。从危机中看到资本主义病症的马克思，通过精神分析式的追溯，在幼年期的"价值形式"中找到了根源。当然，马克思在这里描写的是古典式的危机。此

---

① 《资本论》第1卷第1篇第3章第3节，见《马克思恩格斯全集》中文版第23卷第158—159页，北京：人民出版社，1972。

外,危机并不意味着资本主义的崩溃,那只不过是经济周期(繁荣、衰退、萧条、复苏)过程的一部分而已。危机以及随之而来的萧条是资本制生产的暴力性(=自由主义性)重组。那不是资本主义的崩溃,而仅仅是其运动过程的一部分。

众所周知,资本主义经济不是所谓的下层建筑。毋宁说,它是个终点被不断推迟的"宗教性"过程。但是无论是宗教还是资本主义,其根基都存在着与他者的交换(=交往)的危机。对从理论上消解这种危机的形而上学之批判,无论是来自宗教还是来自经济学,都是相同的。克尔凯郭尔对黑格尔把宗教消解于哲学进行了批判。按照黑格尔的观点,基督是神作为人类而成肉身的,这说明人类就是神。黑格尔左派的基督教批判由此展开。比如,对费尔巴哈而言,所谓神是个体之类本质的自我异化。可以说,各个商品有共同的本质(劳动)内在其中,货币是它的自我异化,这一早期马克思的古典经济学批判,也是如此。

如前所述,当我们把古典经济学等同于黑格尔哲学时,可以把马克思所进行的批判与克尔凯郭尔对黑格尔的批判相类比。黑格尔做的是一种事后的证明(合理化):基督教在现实性上是历史性地发展而来的,因而耶稣也就是上帝。克尔凯郭尔强调的则是,以"同时代性"去直面"以卑微形象显现的上帝"耶稣。此时,人们不得不像同时代人那样去遭遇挫折。没有任何承认耶稣是上帝的根据。要承认耶稣是上帝，只有在"惊险的跳跃"或"黑暗中的跳跃"之中。

> 基督教世界不自觉中抹杀了基督教。因此现在所要做的是尝试重新把基督教引入基督教世界。（《基督教中的实践》）

货币以卑微的外表出现，但是为了获得货币，人们却反复进行"惊险的跳跃"。尽管如此，人们还是把货币仅仅当作表示商品价值的手段。在这里，如果我们套用克尔凯郭尔的说法，可以揭示出马克思针对古典经济学所想要做的事情。"货币经济不自觉中抹杀了货币。因此现在所要做的是尝试重新把货币引入货币经济。"这也就是要去找寻商品是否被卖出的"惊险的跳跃"，相对价值形式与等价价值形式的根本性的非对称关系。

进一步而言，在不断推迟终结这一意义上，资本主义的时间性与犹太教（＝基督教）的时间性相似。但在这种类推中，我想要说的不是宗教与经济现象的平行性或相互关系。我想要强调的是，不管我们是否相信宗教，现实的资本主义都不断把我们置身于类似宗教的结构之中。推动我们的不是理念，也不是现实的需要和欲望。武断地讲，推动我们的是存在于商品形式本身的形而上学与神学，而它们扎根于交往（＝交换）的无根基础与危机之中。

后 记

作为隐喻的建筑与现实的建筑（2003）

我写《作为隐喻的建筑》是在 20 世纪 80 年代的初期。结果，我逐渐与矶崎新以及彼得·埃森曼等建筑师相识，1991 年还成了他们组织的名为 ANY 的建筑师国际会议的常任会员。此外，《作为隐喻的建筑》被翻译成英语，并作为 ANY 公司策划的建筑系列的第一本书由 MIT 出版社出版。但是在撰写本书时以及对英译稿进行大幅修改时，我都没有对建筑进行过具体的思考。我所思考的建筑是作为隐喻的建筑，也就是说，是柏拉图以来的西方哲学。

我思考"作为隐喻的建筑"，始于 70 年代受到德里达解构主义的影响之后。我之所以不愿局限在文学批判的范围内，是因为想对包括数学、经济在内的其他领域进行概括性的论述。也就是说，是想从建构（=建筑）的角度思考解构。当时，我对建筑领域中的现代主义批判深感兴趣，尤其受到了矶崎新《建筑的解体》的启发。我首次了解到在文学批评领域强调文本论的时期，建筑领域发生了什么。

在文学或者哲学领域发生了从"作为隐喻的建筑"向"作为隐喻的文本"的转向，而在建筑领域也发生了类似的现象。比如，可以说以密斯·凡德罗以及勒·柯布西耶为代表的建筑现代派把"建造"这种建筑的本质纯化了。勒·柯布西耶通过删除所有的装饰，构想出用于居住的机械般的建筑。他们将"作为隐喻的建筑"极限化了。与此相反，也出现了一些人主张在建筑中再次引入装饰，换句话说，就是在建筑中再次引入历史。对他们而言，建筑不是构建物（结构），而是通过对历史性作品的引用编织而成的文本。正是这一派建筑师提出了"后现代主义"并且将这一词语普及到其他文化领域。

但是作为建筑问题提出来的后现代主义这一概念普及到其他领域，对建筑师而言不见得是好事。因为，建筑师也受到了其他领域所谓后现代主义的影响。建筑的现代主义与其他领域的现代主义不同，因此作为对其批判的后现代主义也是模棱两可而错综复杂的。然而，这又被与其他领域中的现代主义批判混为一谈，更糟糕的是，与对现代性（modernity）的批判混为一谈了。但我最近才开始注意到这一点。

80年代初期，我以《作为隐喻的建筑》为主题而默然思考的，毋宁说是社会的设计（design）问题，即以马克思、列宁主义为基础的社会主义问题。但这并不是说我比别人特别,实际上我觉得德里达的解构主义也是如此。表面上他似乎主要对西方的神学——形而上学进行批判,但实际上他是以同时代的马克思主义(共产党)意识形态为目标的。我不是想说深邃的思想总是潜藏着政治的动机。正好相反,不扎根于现实状况的思想不可能是深邃的。而解构主义所以深邃,正是因为它处在"冷战"时代的二元对立之下。因此我们也可以这么说:在1991年苏联解体的同时,解构主义也就丧失了政治性意义,不久就归于自我韬晦的修辞性技术中去了。

在《作为隐喻的建筑》中,我几乎没有触及现实的建筑问题,除了对城市规划进行了批判的那两个人物的工作外。即克里斯托弗·亚历山大的《城市不是树状结构》和简·雅各布斯的《城市经济学》。我为何关注城市规划问题是不用多说的,因为那里凝缩了作为隐喻的建筑师——从柏拉图的哲学家(=王)到列宁的先锋党——的问题。我所想要说的是,不可能通过由国家介入的设计以及规划来控制资本主义。针对货币经济,我作了如下论述。

> 自指的形式体系是动态的。这是因为那里在不断发生偏移(自我差异化)。它没有使体系成为体系的决定性元层级或中心(就如尼采所想象的

"多元主观［主体］"那样，也可以说是多元中心）。而那里又像直观主义者所说的那样，排中律无以成立，而能够成立的不是"非此即彼"，而是"即此即彼"。总之，自指的形式体系总是不均衡的、过剩的。

斯洛文尼亚的拉康派思想家斯拉沃热·齐泽克引用了这段话，并这样论述道：

> 因此，如果不是这样，那么在对《资本论》令人感叹的可能成为德里达式解读的著作中，柄谷行人主张：资本主义已是对其本身的解构；为过剩以及干扰所妨碍，它已经不再是一个稳定的自我中心系统，而是一个通过不断自我革命化来维持自身的系统；资本主义是一个不稳定才有其力量的系统；在一定意义上，它就是其本身过剩的系统。这时，柄谷行人最终把资本主义定义为纯粹形式的、通过其结构的不稳定性才得以维持的自指形式体系。①

齐泽克在他于 2001 年编辑的列宁论文集的后记中

---

① Slavoj Zizek, *Afterward in A Selection of Writings from Febrary to October 1917*, by V. I. Lenin, edited and with introduction and afterward by Slavoj Zizek, Verso, 2002.

写了上述内容，在对列宁作出重新评价的同时，又批判性地指出了我的反讽姿态。这是不错的，但他忽视了一点，即我这样写作此书是在 80 年代初。当时，我采取的是一种反讽的立场，即借助资本主义经济的解构性力量来解构资本主义。我认为在本书从第一部、第二部至第三部的过渡中，完成了一个大的转向。现在回想起来，在基调上基本没有发生什么变化，而根本性的转变始于 90 年代苏联圈崩溃、资本主义经济全球化开始为所欲为的时候。赞扬资本主义的解构性力量这样的反讽已经不能成立。尽管这样，在出版英语版时（1992），我还难以发现任何积极性的展望。在这一点上，齐泽克也和我相同。他再度对列宁作出评价，只不过是另外一种反讽而已。我本人找到出口，是在世纪末写作《跨越性批判》之时。

不管怎么说，以上都是"作为隐喻的建筑"的问题，而不是建筑规范的问题。实际上，我不知道建筑界到底发生了什么。我渐渐开始具体思考当今的建筑问题，是在 1991 年参加了 ANY 的会议之后。那时，我注意到建筑领域中的现代主义者与柏拉图以来大写的"建筑师"们全然不同。比如，沃尔特·格罗佩斯在创立包豪斯学校时所提倡的思想，是让建筑成为统合诸艺术的源泉，但是这与哲学家（＝王）或者说设计一切的前卫党那样的思想似是而非，毋宁说正好相反。因为提倡"作为隐喻的建筑"的柏拉图以来的哲学家看不起从事手工的实际建筑师，与此相反，包豪斯却给予手工以优先地位。

实际上，包豪斯学校就是手工、手艺的东西的复活。格罗佩斯说道："因此，让我们来创办一个新型的手工艺人行会，取消工匠与艺术家的等级差异，再也不要用它树起妄自尊大的藩篱！"（《包豪斯宣言》，1919年）但是，我们不能忘记"新型的手工艺人行会"建立在产业资本主义的现实之上。在他们面前，存在着商业主义以及与之对抗的艺术至上主义的两极分化。或者说存在着工业生产物还是手工艺术的对抗。有人说包豪斯的目标在于统一这种艺术与技术。但其实，他们的目标是废除使艺术与技术分化的历史的社会的各种条件。在这一意义上，可以说现代主义是一个在接受资本主义经济所带来的技术以及生产物的同时，又与资本经济对抗的双重意义的运动。从这一意义上讲，现代主义者多多少少是社会主义者，就是必然的了。问题在于，那到底是哪一种社会主义？

1991 年苏联解体的同时，既接受资本主义市场经济，又通过议会制民主主义之下的国家限制对其带来的诸多矛盾加以控制的社会民主主义，作为唯一可能的二择一选项受到了肯定。当然，它也并非什么新生事物，而是 19 世纪末伯恩斯坦的主张。伯恩斯坦是恩格斯的遗产继承人，在某种意义上，可以说他的主张就是晚年恩格斯的思想的延伸。与他敌对的，则是列宁和托洛茨基。他们引用恩格斯以往的著作，以无产阶级专政的名义把先锋党（=知识分子）夺取国家权力的行为正当化了，而俄罗斯革命的"成功"使人们相信他们是马克思主义的合法继承人。但是，他们的"失败"也导致人们对马克思主义的整体放弃，而回归到伯恩斯坦的社会民主主义。不愿承认后者的人们则依然停留在借助全球化资本主义本身的解构性力量的反讽（后现代主义）之内。另外，与此相反，也有人像齐泽克那样，明知没有复活的可能，却对列宁重新进行评价。这其实是另外一种反讽。

那么，就没有其他途径了吗？我的想法是，正是在包豪斯中可以找到其线索。包豪斯的"社会主义"又是何物？不用说它不是布尔什维克主义，但同时也不是社会民主主义。人们说包豪斯是一个内部包含大量对立的思想，总在生成的错综体。也就是说，它包含着众多社会主义以外的要素，但这正是作为"联合主义"（Associationism）之社会主义的特征。

在这一点上，我们可以通过工艺美术运动给包豪斯带来重大影响的威廉·莫里斯为例。莫里斯是英国第一批马克思主义者中的一员。他反对费边主义（伯恩斯坦式社会民主主义的源头）是当然的，但也必定不会接受布尔什维克主义。如今人们把莫里斯看作有别于马克思主义的乌托邦主义者，但我们不能忘记他接近于晚年马克思的思考。比如，正如《法兰西内战》以及《哥达纲领批判》等著作所显示的那样，马克思的思想更接近于蒲鲁东的联合主义。此外，可以说所谓的马克思主义（无论社会民主主义还是布尔什维克主义）是在马克思逝世后通过恩格斯形成的。

参加 ANY 会议后，我注意到建筑师是如何受到哲学话语的影响，而这种影响又如何使他们看不清自己所实际从事的工作。在建筑以外的领域，正如利奥塔所说的那样，后现代主义被定义为"宏大叙事的终结"。这又被翻译成"宏大叙事＝大写的建筑＝社会主义"的终结。这一图式并不适用于实际的现代主义建筑。但在哲学的影响下，这种定义却反而大行其道了。

ANY 会议最初以所谓的解构（解构主义）为中心，实际上德里达本人也曾参加过。而最后，他们的兴趣转移到了德勒兹，尤其是年轻的建筑师们以德勒兹为参照来讨论虚拟建筑。但是在建筑师们的讨论中，德里达以及德勒兹的思想无非被用作一种炫目的装饰。十年间，翻新的设计一个接一个地问世，但作为结果没有留下什么。最后在 ANY 会议中自始至终受到关注的，是不屑于那些翻新设计的建筑师雷姆·库哈斯。

雷姆·库哈斯原本作为重视大都市的建筑师而闻名。正是在大都市这一概念中，展现了他的后现代主义。大都市的意思是指能够吞没城市规划那样的巨大而错综复杂的城市。可以说库哈斯从大都市中发现的，是不断对其本身进行解构而难以控制的资本主义经济的特征。他曾在纽约、东京以及上海从事工作。按照起源于欧洲传统城市的美学标准，这些大都市形象模糊而令人不快，但是库哈斯把这些大都市作为从根本上解构古老欧洲美学的事物加以称赞。他提出无论这些城市如何令人不快，但都应作为资本主义经济的产物来加以接受。

库哈斯就这样肯定了资本主义的全球化，但这并不一定是因为他在现实中肯定了资本主义。其实他是反对资本主义的。尽管如此，任何试图控制资本制经济的企图都不会有什么希望。于是，他开始思考如何加速资本主义经济的发展并最终使资本主义从内部瓦解。他对大都市以及建筑热潮（泡沫）的反语式赞颂隐藏着这样的反讽。对我来说，他的反讽并非不能理解。因为，如前所述，这和我在80年代初期的思考相同。

但是90年代后，我开始反感这样的反讽以及犬儒主义了。苏联解体时，我突然注意到，解构以及知识考古学（福柯）那样的后现代思想只有在所谓的马克思主义实际统治着各国的人民时，才具有冲击力。90年代，后现代的思想倾向已经丧失了冲击力，而几乎成了资本主义的现实性解构运动的代言人。

如果对资本主义经济放任不管，那么很明显人类的环境将会遭到全面性毁灭。我们是不是只有等待，让资本主义导致的世界瓦解到达顶点？实际上，我们已经不能再袖手旁观了。虽然如此，我们有什么样的对策来应对资本（＝民族＝国家）？我们应该思考的正是这一点。ANY会议从1991年持续到2000年，也就是从海湾战争持续到了"9·11"之前。回头望去，除了反讽式地赞扬资本主义的全球化之外，这个会议没能针对"冷战"结构终结后的世界趋势提出任何对抗的方针，而这又使他们最终对美国的"帝国"行径作出了反讽式的期待。

但是这并不意味着建筑或建筑师的无能为力，必须寄期望于建筑之外的某种新东西。其实建筑领域之外的人们如今所要参照的模式，正是包豪斯学校中的现代主义者们的尝试。当然，我们身处的历史语境与现代主义者的不同。建筑的现代主义诞生于重工业阶段。简单地说，他们的问题是如何把钢铁与水泥吸收到艺术中去。与此不同，我们如今所遭遇的，是后工业阶段的信息技术。因此，年轻建筑师们被虚拟建筑所吸引也并非难以理解。毫无疑问，这会带来新的可能性。但是，为什么他们没能像以往的现代主义那样带来冲击呢？这是因为他们致命地欠缺那种现代主义者曾经具有的伦理性和社会变革的理想。

译后记

因为专业的需要,我曾阅读过一些柄谷行人先生的文学论文、著作,比如《夏目漱石论》《坂口安吾论》等等,在文学课上也曾引用过先生的《作为隐喻的建筑》。柄谷先生很早就被日本学界称作"鬼才"、"全才",而如今更是蜚声于欧美学界。他的治学领域横跨文史哲乃至政经时事,其学问的博大精深让我为之深深倾倒,而其作为日本左派知识分子代表所坚持的批判立场则令我肃然起敬。因为一个偶然的机缘,我有幸与正在策划出版中文版柄谷行人文集的赵京华先生结识,并蒙其信任,忝列为文集翻译的译者之一,因此有了一次向柄谷先生致敬的机会。我所承担的部分,恰好是《作为隐喻的建筑》,对我而言,这是一次愉快的巧合。虽说接受了翻译任务,但其实内心充满了不安,唯恐自己学力不逮,不能很好地传达出柄谷先生著作的精华。好在有赵京华先生的鼓励以及鼎力相助,经过数月的努力,终于完成了书稿的翻译,这也就是呈现在读者面前的译本了。虽然我尽了最大努力,但想必还有很多不足之处，唯盼各位方家不吝批评指正。

译本所采用的版本是岩波书店于 2004 年 2 月 13 日出版发行的《定本柄谷行人集》第 2 卷。柄谷行人先生特意为中文版撰写了序言。

最后我要向中央编译出版社编辑冯章和姜迪两位表示感谢，没有他们的辛勤工作，也就没有此书的问世。

应 杰
2009 年 3 月于北京外国语大学

《柄谷行人文集》编后记

柄谷行人是当今东亚地区重要的理论批评家,他的著作在汉语读书界也有了多种译本,影响广泛。中央编译出版社根据大陆读者的期待计划出版其文集,是在2007年前后。如今十年已经过去,我们陆续出版了六种。此次统一格式,重新修订编校,隆重推出中文版柄谷行人文集,共六卷:

第一卷《日本现代文学的起源》

第二卷《作为隐喻的建筑》

第三卷《跨越性批判——康德与马克思》

第四卷《历史与反复》

第五卷《世界史的构造》

第六卷《哲学的起源》

以下,我简要介绍柄谷行人的生平思想、各卷著作的内容以及中文版文集的计划、翻译和编辑过程。

柄谷行人(Kojin Karatani),1941年生于日本兵库县尼崎市。早年于东京大学就读经济学本科和英国文学硕士课程。毕业后先后任教于日本国学院大学、法政大学和近畿大学。一段时间里，曾担任过美国耶鲁大学东亚系和哥伦比亚大学比较文学客座教授。2006 年荣休，但依然笔耕不辍而活跃于思想文化评论界，是享誉国际尤其在东亚地区具有思想影响力的日本著名理论批评家，至今已出版著述 30 余种。

作为日本后现代思想的主要倡导者和左翼马克思主义理论家，柄谷行人 40 余年来的文艺批评和理论实践，比较完整地反映了"后现代思想"发源于 68 革命，经过 20 世纪七八十年代的迅猛发展而于 90 年代逐步转向新的"知识左翼"批判的演进过程。特别是他倚重马克思的思想又借用解构主义的思考理路，从反思"现代性"的立场出发，对后现代思想的核心问题如"差异化""他者"与"外部"等观念以及整个 20 世纪人文科学领域中的"形式化"倾向所做出的独特思考，大大地丰富了日本后现代批评的内涵。另一方面，他始终坚信马克思思想对于资本主义制度的批判价值和认识世界的方法论意义，一贯致力于从各种不同的角度解读其文本，从中获取不尽的思想资源。而他从 20 世纪 70 年代侧重以解构主义方法颠覆各种体系化意识形态化的马克思主义并重塑文本分析大师的马克思形象，到 20 世纪 90 年代借助康德"整合性理念"和以他者为目的之伦理学而重返社会批判的马克思，并力图重建"共产主义"的道德形而上学理念，其发展变化本身既反映了他本人作为日本后现代主义批评家的独特思考路径，又体现出与"西方马克思主义"的共通性。

2000年前后，柄谷行人积极倡导并正式组织起"新联合主义运动"（New Associationist Movement，一种抵抗资本与国家并追求"可能的共产主义"的市民运动），通过重新阐发马克思政治经济学批判中的价值形态理论，提出从消费领域而非生产领域来抵抗资本主义的斗争原理。近年来，他则进一步推出独创的有关资本主义制度之批判理论——资本—民族—国家三位一体说，并在此基础上从交换方式的角度重新分析世界史的结构和"帝国"问题。同时，积极参与日本东北大地震后一系列反对核电站建设、维护和平宪法第九条等的市民运动。柄谷行人这些新的尝试包括遇到的理论与实践难关，对于我们理解马克思的思想在当今的理论价值，思考全球化新帝国主义时代资本制的内在结构和周期性危机的形态，激发人们超越资本主义世界体系的理论想象力等方面，都具有重要的参考价值。

柄谷行人一生的理论批评工作，有着清晰的内在逻辑和思想发展脉络。我们这次编选他的中文版著作集，按照编年的顺序从各时期的著作中选出最能显示其思想发展过程、也最有代表性的六种。

第一卷《日本现代文学的起源》，日文版初版于1980年。如今，作为柄谷行人早期解构主义批评的代表作,已经成为闻名世界的经典。其中,以一切从根源上提出质疑的现象学还原方法,来反思明治维新以来日本文学的现代性及其与民族国家建构之共谋关系的方法论,已经得到广泛的认知和理解。而有关现代文学之风景的发现、内在的人、自白制度、疾病的隐喻、儿童的发现、文学的装置等一系列独创性的分析概念,也得到了广泛关注并成为不同地区和国家的人们讨论在他的现代文学之"起源"时的重要参考。这些概念的提出和精彩的分析,清晰地展现了柄谷行人独特的批评方法,即在被"颠倒"的事物和观念中洞察文学的起源,对文学的制度性及其历史主义普世原则进行解构式的批判。自1993年该书在美国刊行英译本以来,又相继出版了德文版、韩文版、中文版和土耳其文版。可以说,一本薄薄的论述日本现代文学的随笔集名副其实成了经典之作。究其原因,大概就在于其透过文学现代性的批判来解构现代性本身这一写作策略。该书透过明治时代中期文学诞生的历史,考察了在西洋至少经历200年而在日本只需一个世纪便创生出来的现代性起源。

第二卷《作为隐喻的建筑》,日文本初版于1983年。1992年刊行英文本和2003年编入岩波书店版《定本柄谷行人集》之际,作者又对其内容做了比较大的修订和改编。可以说,这是一部有关解构主义问题的理论著作,集中反映了20世纪80年代身处后现代思潮旋涡之中的柄谷行人,在日本语境下对"解构"问题的独特思考。所谓"日本语境",即在作为非西方国家而没有形而上学传统之思想重压的日本,如何在确认了解构的对象之后推动解构主义批评的发展。柄谷行人当时采取的战略是一人扮演"两重角色":先建构,再解构。他认为,"解构只有在彻底结构化之后才能成为可能"。因此,该书首先从古希腊以来西方哲学家强固的"对于建筑的意志"即构筑形而上学体系的欲望入手,考察20世纪人文科学领域中普遍存在的"形式化"倾向,以逻辑学之罗素、哲学之胡塞尔、语言学之索绪尔、数学之哥德尔乃至人类文化学之列维–斯特劳斯等试图挣脱形而上学束缚却最终没有走出"形式化"逻辑为例,证实"形式主义"的革命不仅没能真正颠覆传统形而上学,反而使种种思想努力落入了"结构"的死胡同之中。在此,受到萨义德"世俗批评"的启发,柄谷行人转而从西方知识界找到另一个反形而上学的思想家系列,通过对维特根斯坦和马克思的创造性阐发,提炼出"相对的他者"和"社会性的外部"等重要概念,为解构主义批评乃至后现代思想建立了稳固的理论基础。这对日本知识界从根源上认识和理解发源于西方的作为批判理论的解构主义,做出了重要贡献。今天看来,该书无疑也已然成为日本批评史上里程碑式的作品。

第三卷《跨越性批判——康德与马克思》,日文版初版于2001年。无论从理论深度还是从现实批判的意义上，该书都可以称为柄谷行人后期主要的代表作之一。首先，20世纪90年代东西方冷战格局的解体和马克思主义所面临的从未有过的危机，是柄谷行人重新思考马克思的起点。对于资本主义国家中的左翼知识分子来说，苏联东欧社会主义阵营的土崩瓦解不仅是作为实体的社会主义制度的消失，更意味着作为乌托邦理念的共产主义信仰的破灭。制度可以改变和另建，但作为理念即有关世界革命和人类解放的道德形而上学观念，共产主义是否可以重建？柄谷行人认为，不仅可以而且需要这种重建。其次，要重建共产主义的道德形而上学，就需要重新回到马克思思想本身并恢复其固有的批判精神——《资本论》之政治经济学批判。在此，他引入康德并与马克思的著作对照阅读，在康德那里看到了其"形而上学批判"背后试图重建作为实践和道德命令之形而上学的意图。这触发他以康德的"整合性理念"来理解"共产主义"。第三，在柄谷行人看来，作为道德形而上学理念的共产主义之所以破灭，主要是因为19世纪以来世界社会主义运动逐渐偏离了将其视为乌托邦理念的方向，把生产领域的斗争和对抗国家的运动作为扬弃资本主义制度之革命的主要目标。结果是共产主义变成了"建构性理念"，革命成了建设现代民族国家的工具。因此，重新恢复马克思的政治经济学批判，也便是要坚持从资本的逻辑出发分析资本主义社会及其生产关系和意识形态，而对20世纪社会主义革命和制度建设的经验教训，则需要深刻反思。第四，马克思在世期间未能就国家问题提出完整的理论阐述，今天我们要对此加以认真思考。在此，柄谷行人一个重大的理论贡献，是提出了资本—民族—国家三位一体说。他认为，分别基于不同的交换原理的资本、民族、国家在从封建社会向资本主义社会演进过程中逐渐联结成三环相扣的圆环。这个圆环十分坚固，任何扬弃资本主义制度的革命如果只是针对其中的一项或两项都不能解决问题。因此，他提倡从消费领域抵抗资本的自我增殖，同时强调"自上而下"来抑制国家并警惕民族主义泛滥的必要性，认为唯此方可期待"世界同时革命"的到来。

第四卷《历史与反复》，日文版初版于2004年，是为岩波书店版《定本柄谷行人集》新编的一卷，大部分内容写于1989年前后。实际上，这是一部尝试运用马克思《路易·波拿巴的雾月十八日》的历史分析方法透视世界近代史，通过文学文本的解读来观察日本明治维新以来的现代化历程和思想话语空间的著作。柄谷行人认为，马克思的《雾月十八日》并非针对法国当下历史事件的新闻记事性的著述，而是关于国家即政治过程的原理性阐释。如果说《资本论》是对于近代经济学的批判，那么《雾月十八日》则是对近代政治学的批判。之所以能够达成这种原理性的"批判"，在于马克思对历史现象采取了"结构性"分析的方法，由此看到了历史的结构性反复。所谓"历史的反复"大概有以下几种情况,如马克思最早在《资本论》中分析经济危机周期性循环时采用了10年一个周期的短期波动说,这是一种结构性反复的类型。又如,《雾月十八日》阐发了1848年革命到波拿巴登上皇帝宝座的过程,乃是对60年前拿破仑通过第一次法国大革命而当上皇帝的历史重演,这是另一个历史周期反复的类型。柄谷行人在该书中主要依据60年一个周期的模式,来观察世界现代史上19世纪70年代进入帝国主义时代、20世纪30年代转向法西斯主义和20世纪90年代进入全球化新帝国主义时代的历史重叠现象,同时也考察了从"明治维新"(19世纪70年代)到"昭和维新"(20世纪30年代)再到"昭和时代的终结"(1989年)这一历史时间的巧合和诸多事件的惊人相似性,试图从中发现结构性反复的规律。而其重要的方法论思考在于:历史的反复是存在的,但反复的并非事件而是结构。

第五卷《世界史的构造》,日文版初版于2010年。该书是柄谷行人对《跨越性批判——康德与马克思》(2001)和《迈向世界共和国》(2006)两书的观念与未来展望,进行全面体系化的一部理论著作。21世纪,人类正面临着种种困惑和危机。而最大的危机在于两百多年来工业革命所构筑起来的资本主义体系已然山穷水尽。资本的逻辑渗透到世界的每一个角落,而人类关系也完全被商品交换关系所覆盖。资本主义果真已经不存在其"外部"了吗？此刻，需要我们凝聚理论的想象力和思想的创造性，去发现新的"外部"——超越资本主义体系并展现人类未来可能性的全新图景。《世界史的构造》正是这样一部关乎资本主义结构性危机和人类未来发展前景的思想性著作。马克思主要从经济基础即"生产方式"的维度考察了社会构成体的历史，而视国家和民族为观念性的上层建筑。柄谷行人则认为，这种思考的维度存在一定的缺陷，无法充分说明资本主义社会的现状。因此，他在该书中试图从"交换方式"的角度来考察人类社会构成体的历史，从而对资本主义结构性危机和人类发展前景，分别给出了自己的批判和预测。

第六卷《哲学的起源》，日文版初版于 2012 年，是柄谷行人近来的一部新作。真正的思想家，应该是那些勇敢面对某一时代人类社会的核心议题或思想危机而做出独特思考的人们。柄谷行人认为，当今人类社会的思想危机，莫过于建基在现代资本主义体系之上的意识形态即自由—民主主义的全面危机了。20 世纪 70 年代以后，哈贝马斯、汉娜·阿伦特等西方思想家曾通过康德再解读而试图回归希腊民主政治的源头，以重温市民社会的制度原理和道德准则。然而，后来各国的新自由主义并没有从根本上拯救资本主义，社会民主主义也遭遇到前所未有的困境。《哲学的起源》则重点讨论希腊哲学本身，从而发现了被西方近代哲学遮蔽的另一个传统，即伊奥尼亚自然哲学中的 Isonomia——自由人联盟（建立在个人契约之上而没有统治与被统治关系）的民主思想。他认为，这个民主思想传统经过我们的重新钩沉和阐发，可以用来反思和超越现代民主主义，从而找到解决资本主义政治危机——对自由与平等无法两全——的新途径。这无疑是具有原创性和冲击力的思考。作为东亚思想家，柄谷行人一贯注重理论和实践的密切关联。该书所讨论的问题发生在 2000 年前的古希腊，但问题的核心直击我们的当下。他的结论是，自由—民主主义并非人类到达的最终形态，超越自由与平等难以两全的悖论，其思考的契机就隐含在古希腊另一个被忘却的思想传统——Isonomia 中。

柄谷行人近年来在汉语读书界越来越受到比较广泛的关注，他本人与中国知识界的交流实际上早在 20 世纪末就开始了。1998 年底，他借"中日知识共同体"对话会的机会第一次造访北京，与汪晖等中国学人就亚洲、全球化和马克思主义观察视角等问题展开交流。也就是在这之后的 2000 年左右，我与柄谷行人先生取得联系，争得他的同意翻译其早期著作《日本现代文学的起源》。2003 年，该书中文版由北京三联书店出版，得到中国学者和大学在校博士生的广泛征引，直接影响了中国现当代文学研究阐释架构的转变。2006 年，大陆和台湾又不约而同地推出柄谷行人的另外两部著作。一是中央编译出版社的《马克思,其可能性的中心》,一是台湾商务印书馆的《迈向世界共和国》。前者与《日本现代文学的起源》一样属于柄谷行人 20 世纪 70 年代的早期著作,而后者则是写于 2006 年反映了作者新近理论思考的书籍。可以说,至此日本理论批评家柄谷行人,在汉语学术界已经有了相当的知名度并正在扩大其影响。而我,也就是在这前后就产生了编译其文集的念头,并得到了中央编译出版社的积极响应。

2007 年 5 月,应清华大学之邀柄谷行人再次访问北京,做题为"历史与反复"的讲演并与在京中国学者就"文学时代的终结"和"走向世界共和国"等话题进行了深入的讨论。这给文集编译出版的商谈提供了机会。记得那天晚上,闻讯而来的时任中央编译出版社总编室主任的邢艳琦和策划编辑高立志两位在万圣书园与柄谷行人会面,当得知中央编译出版社乃中国以编译马克思主义著作闻名的一家老资格出版机构后,柄谷先生十分高兴并表示愿今后多多合作。

2008 年 5 月的一天,我借短期访学日本之机于细雨蒙蒙中再次拜访了位于东京郊外南大泽一片茂密丛林旁的柄谷行人宅第,时隔一年的重逢让柄谷先生有些滔滔不绝,他讲起未来自己的著作计划和思考方向,谈到退休后在市公民馆开设免费讲座与听众热议"迈向世界共和国"的理念……我印象中,柄谷先生思维依然敏捷,激情丝毫不减当年。当请求他为中文版文集作序时,他不仅满口答应而且坚持要每卷各写一篇，并热切期待中国读者能够接受他的著作。在告别后回住所的路上，依然是细雨蒙蒙中，我遐想这位身处资本主义国度中的左翼马克思主义批评家，其思想的力量和信念是不是正在于他大胆地把共产主义作为"整合性理念"而化作心中的道德命令呢？在今天这个缺少理念和想象力的贫乏时代，我在感谢柄谷先生为中文版作序并提供各种翻译上帮助的同时，还想由衷表达我的一份敬意。

这就促成了我们编辑出版柄谷行人文集中文版的最初计划。而在 2007 年前后，我们还只是有一个三卷本的出版计划，即《作为隐喻的建筑》《跨越性批判——康德与马克思》和《历史与反复》。到了 2012 年柄谷行人第三次造访中国，客座清华大学讲授《世界史的构造》之际，我们又配合其授课而推出了《世界史的构造》中译本，并征得其同意将此前三联版的《日本现代文学的起源》中文版也交由中央编译出版社出版。与此同时，还将最新的《哲学的起源》也列入到出版计划之中。这样，才有了今天这个《柄谷行人文集》六卷本的规模。

最后，我要特别感谢一起合作承担了第二卷《作为隐喻的建筑》、第四卷《历史与反复》和第六卷《哲学的起源》翻译工作的三位译者——应杰先生、王成先生和潘世圣先生。我个人虽然负责了《文集》一半的翻译工作，但如果没有这三位的通力合作，也是无法完成此翻译出版计划的。三位都在北京和上海的高校工作，教学任务十分繁重。为了这项翻译工作不惜挤压自己宝贵如生命的时间，而且如约出色地完成任务，在统一译文的概念术语、格式体例方面相互切磋彼此配合，更让我感到了未曾有过的协同作战的快乐。同时，也向中央编译出版社历届领导和几任责编——冯章先生、陈琼女士和朱瑞雪小姐对《文集》出版的大力支持和辛苦工作，表示深深的谢忱！

赵京华

2017 年 9 月 7 日

于北京太阳宫寓所三杨斋